BIBLIOTHÈQUE

DES CHEMINS DE FER

DEUXIÈME SÉRIE

HISTOIRE ET VOYAGES

Imprimerie de Ch. Lahure (ancienne maison Crapelet)
rue de Vaugirard, 9, près de l'Odéon

HISTOIRE

DE LA

CAMPAGNE D'ITALIE

PAR P. GIGUET

(1796—1797)

PARIS

LIBRAIRIE DE L. HACHETTE ET Cie

RUE PIERRE-SARRAZIN, N° 14

—

1853

HISTOIRE

DE LA

CAMPAGNE D'ITALIE.

(1796-1797.)

I.

L'armée d'Italie.

Napoléon Bonaparte, appelé par le Directoire au commandement de l'armée d'Italie, arriva le 27 mars 1796 à Nice où, depuis le commencement de la guerre, s'était établi le quartier général. Né le 15 août 1769, il n'avait pas encore vingt-sept ans, et, des six généraux placés alors à la tête des armées de la république, il était le seul qui n'eût point commandé en chef en présence de l'ennemi. Les noms de Kellermann (armée des Alpes), de Moreau (Rhin-et-Moselle), de Jourdan (Sambre-et-Meuse), de Beurnonville (Nord), de Hoche (Ouest), se rattachaient aux journées de Valmy, de Tourcoing, de Fleurus, de Jemmapes, de Geisberg, de Quiberon, à ces grandes victoires qui avaient déconcerté la coalition, désarmé la Prusse, révolutionné la Hollande, donné à la France ses frontières naturelles et terminé la guerre civile. Mais, pour les troupes qui passaient sous ses ordres, Bonaparte n'était pas un inconnu; elles se souvenaient qu'après la prise de Toulon, dont à lui surtout revenait l'honneur, il était arrivé comme général d'artillerie à leur état-major, qu'il en était aussitôt devenu l'âme, qu'il avait fait tomber le camp de Saorgio, à neuf lieues de Nice, position formidable, où, pendant près de deux ans, les Austro-Sardes avaient tenu l'armée française en échec, qu'il avait enlevé les cols des Alpes et indiqué le point vulnérable, le défaut de la cuirasse de la ceinture des monts dont s'enveloppe l'Italie. Aussi lorsque, en les passant en revue, il leur fit entendre ce discours, avec la confiance que le génie puise en ses forces :

« Soldats, vous êtes nus, mal nourris; le gouvernement vous doit beaucoup, il ne peut rien vous donner; votre patience, le courage que vous montrez, au milieu de ces rochers, sont admirables; mais ils ne vous procurent aucune gloire; aucun éclat ne rejaillit sur vous. Je veux vous conduire dans les plus fertiles plaines du monde. De riches provinces, de grandes villes seront en votre pouvoir; vous y trouverez honneur, gloire et richesses. Soldats d'Italie, manqueriez-vous de courage ou de constance? »

Elles crurent en lui et, frappées de son accent prophétique, de ses traits caractérisés qu'encadrait une longue chevelure noire, de son regard dominateur, elles se dirent en rentrant dans leurs bivouacs : « Allons! allons! c'est un SOLDAT, et s'il se conduit bien, nous lui donnerons de l'avancement. » Elles devaient, comme lui, tenir leur promesse.

L'armée d'Italie était merveilleusement préparée pour de grandes choses. Depuis quatre ans, elle soutenait une guerre de postes sur le versant méridional des Alpes maritimes et des Apennins, sol tourmenté, abrupt, hérissé de rochers, coupé de précipices et souvent couvert de neige. L'agilité, la bravoure du soldat français se jouaient de tous ces obstacles. Il s'engageait intrépidement dans les montagnes, s'enfonçait dans les gorges, les fouillait, les pénétrait dans tous les sens, traversait les glaces et les neiges, et finissait toujours par débusquer l'ennemi. Outre la troupe régulière, on eut à combattre les barbets, bandits qui infestaient la Ligurie et en connaissaient les plus profondes retraites. A ceux-ci, on opposa des compagnies provisoires formées d'hommes audacieux et lestes; elles devinrent bientôt la terreur des barbets et en purgèrent la contrée.

Les demi-brigades (régiments) avaient conservé des noyaux d'anciens corps, auxquels on avait adjoint des bataillons de volontaires de la levée de

1792 ; les cadres s'étaient remplis de jeunes soldats fournis par la levée en masse, puis par la réquisition permanente de 1793. Volontaires et recrues provenaient, la plupart, des départements voisins du théâtre de la guerre. Il résultait de cet amalgame, que tous les âges se trouvaient confondus dans les corps d'officiers ; à côté d'un capitaine encore imberbe, qui devait son grade à des actions éclatantes, marchait un capitaine en cheveux blancs, comptant au moins trente années de service. Un grand nombre de chefs de brigade (colonels) étaient plus que sexagénaires, et ces Nestors de notre âge héroïque avaient aussi leur éloquence : presque tous se firent tuer. Les derniers jours de ces nobles vieillards furent bien employés ; ils inculquèrent à l'ardente jeunesse qu'ils installaient sur les champs de bataille, une heureuse habitude de subordination et de dévouement, dont elle avait journellement occasion de donner des preuves. Lorsqu'on se jetait jusqu'au cou dans un torrent, ils étaient aussitôt entourés de vigoureux nageurs, attentifs à ne les point laisser emporter par le courant, et si les vicissitudes de la lutte obligeaient à des retraites précipitées, il se formait près d'eux une arrière-garde de braves qui ôtait aux assaillants la tentation de les faire prisonniers.

Militaires de vieille date, gardes nationaux volontaires, réquisitionnaires, tous avaient embrassé avec un égal enthousiasme les principes pour lesquels ils prodiguaient leur sang : les premiers en haine des priviléges qui, pendant quatorze ans, avaient enchaîné un homme comme Masséna dans les rangs subalternes et lui avaient finalement ôté l'espoir d'obtenir l'épaulette; les autres à cause de l'ivresse qui s'était emparée de toute la France et en particulier des départements méridionaux.

Il ne fallait pas moins que cette exaltation pour leur faire supporter, avec une si longue constance, les misères énergiquement décrites dans la proclamation du général en chef; et ceux qui avaient résisté, pendant quatre ans de combats sans nom, à des alertes perpétuelles, aux sévérités du climat, à l'irrégularité des approvisionnements, étaient endurcis à toutes les éventualités de la guerre, à toutes les privations; ils avaient acquis une audace, une force, une mobilité qui ne tenait compte ni des dangers, ni des saisons, ni des distances, ni des obstacles.

Les principaux généraux divisionnaires d'infanterie étaient Augereau et Masséna, redoutables par une indomptable fougue; Laharpe et Sérurier, plus mûris par l'âge, plus méthodiques et non moins fortement trempés. La cavalerie était conduite par Kilmaine et Stengel, signalés par leurs campagnes dans le nord. Le chef d'état-major Berthier, doué d'un imperturbable sang-froid, d'une prodigieuse mémoire, exact, régulier, travailleur infatigable, réunissait au plus haut point les qualités de son emploi. Dans les rangs divers, à partir du grade de général de division se trouvaient deux futurs rois : Murat et Louis Bonaparte; onze maréchaux de France : Masséna, Augereau, Sérurier, Lannes, Berthier, Bessières, Brune, Suchet, Victor, Marmont, Reille, et plusieurs généraux en chef : Joubert, Junot, Leclerc, Kellermann fils. Enfin, pour qu'aucune gloire ne manquât à cette brillante armée, quelques-unes de ses demi-brigades, allaient, comme les légions de César, se faire un nom qui rivalise en célébrité avec le nom des guerriers les plus célèbres : La 18e à qui Bonaparte disait, en lui montrant les colonnes autrichiennes : « Elles sont nombreuses; mais je connais la brave 18e; je vous connais tous, l'ennemi ne tiendra pas devant vous. » La 32e, qui inscrivit sur son drapeau ces paroles du général : J'ÉTAIS TRANQUILLE, LA BRAVE 32e ÉTAIT LA, et qui au début de la guerre renfermait, dans les corps dont elle avait été formée, deux maréchaux (Masséna, Sérurier), sept généraux de division, dix généraux de brigade.

II.

Le passage des Apennins.

Les 23 et 24 novembre 1795, les coalisés avaient perdu la bataille de Loano qui les avait chassés du versant maritime et de la crête des monts. Ils étaient en position sur le revers septentrional et barraient à la fois les avenues du Piémont et de la Lombardie. C'est là que Bonaparte résolut de les aller chercher, non en se déployant le long de la chaîne, mais en jetant entre les Piémontais et les impériaux une irrésistible colonne, et en la faisant pénétrer par l'ouverture que présente l'affaissement des Apennins vers les sources des deux Bormida.

Les troupes, prêtes à entrer en opérations, s'étendaient depuis l'extrémité nord occidentale du comté de Nice jusqu'à Voltri, gros bourg aux portes de Gènes. Déduction faite de deux faibles divisions qui restèrent à la garde des Alpes maritimes, leur total, y compris la cavalerie, ne s'élevait pas à plus de trente-trois mille hommes. Bonaparte en détacha la division Sérurier (six à sept mille), pour descendre le val du Tanaro et intimider les Piémontais campés à Ceva, puis il groupa le reste autour de Savone, ne laissant à Voltri qu'une brigade.

L'occupation de ce bourg inquiétait le sénat de Gènes, dont l'anxiété fut extrême lorsqu'il reçut la sommation de livrer le col de la Bocchetta, par où l'on se rend de Gènes à Alexandrie, et le fort de Gavi qui en ferme l'entrée. L'armée semblait menacer à la fois la route de Gènes à Milan, celle de Savone à Alexandrie et celle de Ceva à Turin. Les coalisés se mirent aussitôt sous les armes : Colli commandait l'armée piémontaise, composée de vingt mille nationaux et de cinq mille auxiliaires impériaux, sous Provera ; Beaulieu venait d'être placé à la tête de l'armée autrichienne, forte de trente-cinq mille combattants.

Il s'agissait donc de transporter trente-trois mille hommes au delà des Apennins, malgré les soixante mille hommes qui en défendaient toutes les issues, et couvraient par des camps retranchés, savoir : Colli, les routes de Turin et Beaulieu celles qui aboutissent au Milanais. Le passage d'une chaîne de montagnes est l'une des opérations les plus difficiles de la guerre ; pour celui qui ne sait pas voir au delà de son horizon, chaque piton, chaque gorge, chaque contre-fort peut cacher des adversaires inattendus. Les circonstances où se trouvaient les deux armées compliquaient la question : les Piémontais étaient de vaillants soldats ; les Autrichiens comptaient dans leurs rangs des troupes aguerries et animées de l'ardeur militaire propre aux peuples à demi barbares de leurs provinces orientales; ils avaient d'ailleurs, comme toujours, outre celle du nombre, la supériorité en artillerie et en cavalerie.

La rumeur que produisit la demande faite aux Génois d'emprunter leur territoire, l'erreur dans laquelle tomba Beaulieu, le plan qu'elle lui suggéra, assurèrent le succès de Bonaparte. Le général autrichien crut saisir l'occasion de surprendre par le flanc l'aile droite de l'armée française, et de l'enlever en la prenant entre deux feux. Il prescrivit à Colli de se tenir sur la défensive, et il détacha de ses camps deux fortes colonnes : l'une commandée par Sebottendorf (dix mille) sur Voltri, l'autre commandée par Merci d'Argenteau (quinze mille), destinée à percer jusqu'à Savone.

Combat de Voltri (10 *avril*). — Sebottendorf frappa à vide; la brigade qu'il assaillit le contint une journée entière; et, à la nuit, elle se replia sans bruit sur la division, ayant perdu moins de deux cents hommes. Argenteau eut un engagement plus sérieux.

Savone, ville de douze mille âmes de l'État de Gènes, est située au bord de la Méditerranée, à l'extrémité orientale d'un bassin secondaire, très-accidenté à l'ouest et sillonné de torrents qui descendent de la chaîne culminante. Les troupes d'Augereau et de Masséna étaient cantonnées sur les deux flancs de cette chaîne; le premier extérieurement, l'autre du côté de la ville. Au fond du bassin, l'arête extrême se rebrousse à angle aigu; à une demi-lieue au delà, en tirant vers l'est, le Monte Legino s'en détache, s'affaisse et vient se terminer sous les murs de Savone. Un col voiturable longe son flanc intérieur, passe aux deux villages de Montenotte et aboutit à Dego. La division Laharpe, moins la brigade qui revenait de Voltri, était échelonnée sur ce col et avait un avant-poste à Montenotte supérieur, point par lequel Bonaparte prévoyait qu'on pourrait être attaqué.

Argenteau prit en effet ce chemin, le plus direct, le moins tourmenté, le plus rapproché de Schottendorf. A son aspect, le poste français se disperse en tirailleurs, et profitant des aspérités du terrain, se replie pas à pas sur la 17e légère, qui occupait une redoute élevée sur la crête du Monte Legino, commandée par le chef de brigade Fornezi. Au bruit de la fusillade, Rampon, cantonné deux kilomètres plus bas, lui amène le renfort d'un bataillon. On est aussitôt en défense; les deux colonels, la troupe rivalisent de courage; les impériaux montent bravement à l'assaut; ils sont rompus par les feux croisés de la mousqueterie; trois fois ils recommencent l'attaque, trois fois ils sont repoussés, non sans des pertes considérables. Le combat est suspendu par la nuit.

Pendant cette journée, le général en chef, comprenant la faveur que lui accordait la fortune, prit des mesures décisives et transmit ses ordres à ses lieutenants. Augereau s'ébranla pour se concentrer sur le flanc extérieur des Apennins, à portée de Masséna. Dès que l'obscurité put masquer leur marche, celui-ci et les siens, qui avaient suivi d'un œil avide les mouvements des masses autrichiennes, collées au pied de la redoute si vaillamment défendue, remontèrent le flanc intérieur jusqu'au sommet du bassin. Laharpe rangea deux brigades derrière Fornezi et Rampon.

Bataille de Montenotte (12 *avril*).—A la pointe du jour, Argenteau se vit entouré; Laharpe l'attaqua de front; Masséna se jeta brusquement sur son aile droite; vainement il tenta de se raffermir à Montenotte supérieur. En un clin d'œil, le village est enlevé; l'ennemi, assailli sur tous les points à la fois, lâche pied dans le plus grand désordre; les Français le préviennent à Montenotte inférieur; il s'enfuit par sa gauche dans les montagnes, abandonnant quinze cents morts, deux mille cinq cents prisonniers, quatre drapeaux, six canons.

Telle fut la première bataille de l'empereur Napoléon; elle le révèle tout entier : par une habile concentration de forces, il arrive sur le terrain supérieur en nombre; il brise le centre de l'armée combinée; ses dispositions sont si précises et si exactement exécutées, qu'il peut contempler le combat sans autre émotion que celle de la victoire; enfin, il pousse la masse victorieuse sur le revers septentrional du mont, entre la grande Bormida, où s'appuie, par le camp de Dego, l'armée de Beaulieu, et la petite Bormida, où s'appuie, par le village de Millesimo, l'armée piémontaise.

Provera (cinq mille) occupait l'espace entre les deux rivières, et liait la gauche de Colli à la droite des impériaux. Augereau tombe sur lui avec une telle impétuosité, que les gorges par où l'on gagne Millesimo sont enlevées avant qu'il ait pu faire retraite; il cherche un refuge dans le vieux château de Cossaria, et s'y renferme avec deux mille hommes. Il n'avait ni vivres, ni eau, ni bois, et sa reddition était infaillible; mais, dans ces temps d'entraînement, on ne savait pas attendre : Augereau commande l'escalade. Quelques volontaires parviennent jusqu'aux remparts; le gros de la troupe, accablée d'un feu meurtrier, recule hors de la portée du fusil. Un seul grenadier de la 18e reste à son poste et continue de tirer; les Autrichiens ripostent par une salve d'applaudissements et crient : « Mon brave, venez trinquer avec nous. » Il accepte, entre dans le fort, prend part à un banquet improvisé et revient en hâte recommencer le feu; ses frères d'armes le rejoignent, la lutte se rallume, et Joubert indique une ouverture par laquelle il espère pénétrer, quand une pierre le renverse et fait cesser le combat. Au delà de Cossaria, Masséna avait resserré les impériaux dans le camp de Dego.

Bataille de Millesimo (14 *avril*).—Le lendemain, Bonaparte chargea Masséna et Laharpe d'enlever d'assaut le village et les redoutes; les deux divisions avaient marché une partie de la nuit par une pluie battante, au travers des torrents gonflés et des précipices. Elles attaquèrent avec un élan qui changea bientôt la résistance des impériaux, d'abord assez vive, en terreur panique; ils s'enfuirent : quinze drapeaux, trente canons, six mille prisonniers furent les fruits de la victoire, qui compléta la séparation entre Beaulieu et Colli. Ce dernier fut vigoureusement contenu par Augereau, maître de Millesimo; Provera s'était déjà rendu.

Un incident épisodique ajouta aux désastres des coalisés, et fit voir avec quel à-propos Bonaparte avait précipité ses opérations. Le colonel Wukassowich amenait un renfort de six mille hommes au camp de Dego; il n'arriva que le lendemain de la bataille, et favorisé par une brume épaisse, il surprit les avant-postes français. Le désordre se mit parmi les victorieux; l'audacieux colonel s'établit dans la position qu'ils avaient emportée, et envoya de tous côtés demander des renforts : personne n'était en mesure de le seconder. Masséna rallie les siens, leur fait comprendre la situation critique de l'ennemi, les force à rire de leur frayeur, les ramène à la charge et livre une seconde bataille qui a le même succès que la première. Wukassowich a peine à s'échapper avec quelques débris.

En cinq jours, l'armée autrichienne, diminuée de près de moitié, avait été entièrement désorganisée. Beaulieu la groupa autour d'Alexandrie; Bonaparte donna ordre à Laharpe de l'observer, à Sérurier, Augereau et Masséna de marcher concentriquement sur les Piémontais.

III.

L'invasion du Piémont.

Pendant cette première partie de la campagne, le soldat de l'armée d'Italie montra ses qualités et ses défauts : ardent, intrépide, leste, peu soucieux de la vie, fécond en saillies, impatient de la victoire ; mais dépourvu d'instruction manœuvrière, rebelle au frein de la discipline , et toutefois prompt à rentrer dans le devoir à la voix de généraux, d'officiers qui, naguère soldats aussi, avaient conservé avec lui, en dehors des règles du service, une familiarité sympathique.

Le théâtre des événements allait s'agrandir. Avant

d'atteindre Colli, la division d'Augereau et l'état-major général défilèrent par le Montezemo, d'où, pour la première fois, on aperçut les riches plaines du Piémont, ses villes populeuses, ses riants villages, et, au loin, pour couronner le tableau, la chaîne des grandes Alpes avec ses neiges éternelles.

L'amour de la gloire est inséparable du sentiment du beau. Les vainqueurs de Millesimo devaient plus tard battre des mains à l'aspect du champ de bataille des Pyramides; ils devaient spontanément présenter les armes à l'Andalousie; à mesure qu'ils arrivaient sur le sommet du Montezemo, ils faisaient halte, jetaient un long regard sur cette terre promise par le général en chef, et témoignaient naïvement leur admiration. Bonaparte survenant à son tour, enthousiasmé comme eux, se repliant sur lui-même, s'écria: « Annibal avait forcé les Alpes, nous, nous les avons tournées. »

L'impression que ressentit si vivement l'armée est encore le sentiment que l'on éprouve en arrêtant sa pensée sur cette brillante époque. L'horizon s'était également élargi et embelli pour l'histoire ; la révolution si tourmentée jusque-là par des crises cruelles, venait de produire son grand capitaine, elle venait de s'ouvrir le champ de bataille où elle allait conquérir d'abord la paix, puis la sanction pour l'avenir de ce qu'elle avait réalisé de juste et de durable.

Le Piémont, l'Italie septentrionale, frémissaient à

l'approche des Français. La monarchie de nouvelle date de la maison de Savoie n'avait aucune force de cohésion ; composée de principautés jadis indépendantes, son gouvernement pouvait craindre un choc qui la mît en lambeaux. Le Milanais, le Mantouan, se rappelaient leur nationalité perdue; Parme, sous un Bourbon, Modène, sous le descendant de la brillante maison d'Este, ne pouvaient pardonner à leurs princes une soumission servile à l'empereur. Le vieux mot d'ordre des guelfes, *chassons les barbares*, ne trouvait plus d'écho parmi les souverains. Tous étaient gibelins, et les cœurs passionnés pour l'affranchissement de leur patrie n'avaient d'espérance que dans les victoires de l'armée française; elles ne se firent pas attendre.

Colli, attaqué, débordé, forcé dans ses camps autour de Ceva, se rangea sur la Corsaglia, où l'avant-garde de Sérurier éprouva, au pont de Saint-Michel, un léger échec dû à l'indiscipline des maraudeurs. Néanmoins les Piémontais évacuèrent la position et se retirèrent à Mondovi où ils reçurent la bataille.

Bataille de Mondovi (*22 avril*). — Ils tiraient leur force d'une redoute élevée en avant de la ville, et d'un plateau hérissé d'artillerie. Deux demi-brigades marchent à la redoute; un feu terrible leur cause un moment d'hésitation. Le capitaine Camas et son lieutenant Toulouse les entraînent par un coup de vigueur aussi rapide et aussi difficile à décrire que la foudre.

Camas sort des rangs le sabre à la main, saute dans le retranchement et ouvre un cercle qui soudain se referme. « Rendez-vous, crient les Piémontais. — Jamais, » reprend-il. Mais déjà le lieutenant est à ses côtés et abat un ennemi près de le saisir; en même temps, la troupe électrisée, autant par le sentiment du danger des deux officiers que par leur exemple, bondit la baïonnette en avant, entre dans la redoute et fait main basse sur ses défenseurs.

D'un autre côté, le plateau, après deux assauts infructueux, est aussi enlevé; les canons sont tournés contre les Piémontais; la victoire n'est plus indécise. Elle coûta à l'armée française le brave Stengel, qui fut mortellement blessé. Colli battit en retraite, affaibli de trois mille morts, quinze cents prisonniers; Mondovi ouvrit ses portes, fraternisa avec les victorieux et planta l'arbre de la liberté.

Les vaincus étaient hors d'état de risquer une seconde défaite, et Beaulieu ne pouvait rien pour les seconder. La cour de Turin ouvrit des négociations; les prétentions de Bonaparte la firent hésiter. Il continua sa marche sans éprouver ni obstacle ni résistance; l'attitude de villes comme Alba-Pompeia, qui se déclara indépendante, sans songer au voisinage de Beaulieu, l'agitation de Turin même, forcèrent d'accepter ses conditions. L'armistice de Chérasque livra à l'armée française le passage des grandes Alpes et les places de Tortone, Alexandrie, Ceva et Coni. Bonaparte se réserva de plus le droit de lever des contributions dans le pays et de passer le Pô à Valence.

Avant qu'il eût pris possession de cette dernière ville, la cavalerie napolitaine, auxiliaire de Beaulieu, la surprit. Les impériaux se hâtèrent de franchir le fleuve, de rompre le pont et de mettre en état de défense le Milanais. Leur armée, y compris les renforts qu'ils trouvèrent dans cette province, s'élevait à plus de vingt-six mille combattants, dont près de six mille cavaliers; Beaulieu les rangea vers le confluent du Tessin. En marchant à lui, Bonaparte résuma les hauts faits qui venaient de s'accomplir par une proclamation que ses soldats accueillirent avec transport.

« Soldats! vous avez en quinze jours remporté six victoires, pris vingt et un drapeaux, cinquante-cinq pièces de canon, plusieurs places fortes, et conquis la plus riche partie du Piémont; vous avez fait quinze mille prisonniers, tué ou blessé plus de dix mille hommes. Vous vous étiez jusqu'ici battus pour des rochers stériles, illustrés par votre courage, mais inutiles à la patrie. Vous égalez aujourd'hui par vos services l'armée conquérante de la Hollande et du Rhin. Dénués de tout, vous avez suppléé à tout. Vous avez gagné des batailles sans canons, passé des rivières sans pont, fait des marches forcées sans souliers, bivouaqué sans eau-de-vie, et souvent sans pain. Les phalanges républicaines, les soldats de la liberté étaient seuls capables de souffrir ce que vous avez souffert! La patrie reconnaissante vous devra en partie sa prospérité; et si, vainqueurs de Toulon, vous présageâtes l'immortelle campagne de 1794, vos victoires en présagent une plus belle encore....

« Soldats! il ne faut pas vous le dissimuler, vous n'avez rien fait, puisqu'il vous reste encore à faire.... la patrie a droit d'attendre de vous de grandes choses. Justifierez-vous son attente? Les plus grands obstacles sont franchis sans doute; mais vous avez encore des combats à livrer, des villes à prendre, des rivières à passer.

« En est-il entre nous dont le courage s'amollisse? En est-il qui préféreraient retourner sur le sommet de l'Apennin et des Alpes, essuyer patiemment les injures d'une soldatesque esclave? Non! il n'en est pas parmi les vainqueurs de Montenotte, de Millesimo, de Dego, de Mondovi. Tous brûlent de porter au loin la gloire du nom français; tous veulent humilier les rois orgueilleux qui osaient méditer de nous donner des fers; tous veulent dicter une paix glorieuse et qui indemnise la patrie des sacrifices immenses qu'elle a faits. Amis! je vous la promets cette conquête; mais il est une condition qu'il faut que vous juriez de remplir : c'est de respecter les peuples que vous délivrez, c'est de réprimer les pillages horribles auxquels se livrent quelques scélérats suscités par vos ennemis. Sans cela, vous ne seriez pas les libérateurs des peuples, vous en seriez les fléaux; vous ne seriez pas l'honneur du peuple français, il vous désavouerait. Vos victoires, votre courage, le sang de nos frères morts aux combats, tout serait perdu, même l'honneur et la gloire. Quant à moi.... investi de l'autorité nationale.... je saurai faire respecter à ce petit nombre d'hommes sans courage, sans cœur, les lois de l'humanité qu'ils foulent aux pieds; je ne souffrirai pas qu'ils souillent vos lauriers.... les pillards seront impitoyablement fusillés....

« Peuples d'Italie! l'armée française vient rompre vos chaînes : le peuple français est l'ami de tous les peuples; venez avec confiance au-devant de nous. Vos propriétés, votre religion et vos usages seront respectés. Nous faisons la guerre en ennemis généreux et nous n'en voulons qu'aux tyrans qui vous asservissent. »

IV.

La conquête du Milanais.

Beaulieu avait soixante-onze ans; vieilli dans la méthode autrichienne, il ne croyait pas qu'on pût attaquer le Milanais autrement que de front : c'est-à-dire en forçant tour à tour le passage du Pô et celui du Tessin. La stipulation de l'armistice de Chérasque, qui réservait aux Français l'usage du pont de Valence, contribua à le corroborer dans cette opinion, et il fit ses dispositions en conséquence.

Bonaparte pouvait se jouer d'un tel adversaire; il montra des troupes à Valence; il fit élever, sur la rive droite du fleuve, en amont du confluent du Tessin, des retranchements, des batteries, dont le soldat riait, mais que les impériaux prirent au sérieux. Tandis qu'ils opposaient à ces simulacres de travaux d'autres retranchements, d'autres batteries, une colonne de six bataillons, formée de la réunion des grenadiers et des carabiniers, fit un à droite et descendit, à marche forcée, le rivage. Les troupes de toutes armes suivirent le mouvement. Arrivés (7 mai) devant Plaisance, à cinquante kilomètres au-dessous du point où l'ennemi était en mesure de leur tenir tête, neuf cents grenadiers, commandés par le chef de brigade Lannes, trouvent des bateaux qu'on a rassemblés ; ils s'y jettent et s'établissent sur l'autre rive malgré les efforts de deux escadrons. Sous leur protection, tandis que l'avant-garde passe soit en barque, soit dans le bac de Plaisance, on se hâte de construire un pont, qui en deux jours est achevé ; l'armée à son tour défile avec tout le matériel.

Le Pô, devant Plaisance, est large de cinq cents

mètres, son cours est très-rapide, et ce passage, effectué par surprise, est l'une des opérations les plus heureuses qui se puissent faire à la guerre. Le lieu de débarquement n'était pas moins heureusement choisi; on avait tourné les lignes de défense du Milanais, et en se rendant maître du cours de l'Adda, on mettait Beaulieu en demeure ou d'abandonner Milan, ou de s'exposer à déposer les armes.

Le premier soin de Bonaparte fut de marcher rapidement vers l'Adda et d'empêcher l'ennemi de s'affermir entre cette rivière et le fleuve. Il accourait à grands pas; dès le lendemain du passage, on s'aperçut que le village de Fombio, à quatre kilomètres du pont, était crénelé et garni de troupes. C'était une division forte de six mille hommes, arrivant de Pavie; on l'attaqua sans retard, on la déposta, on la rejeta sur l'Adda qu'elle franchit à Pizzighitone. Il était temps: Beaulieu, en personne, approchait; ses éclaireurs surprirent au milieu de la nuit des avant-postes peu vigilants, il s'ensuivit une échauffourée où Laharpe perdit la vie. Elle apprit à Beaulieu la défaite de son lieutenant et le détermina à se mettre comme lui en sûreté au delà de l'Adda. Dès que le jour parut, Bonaparte se porta sur Lodi; en débordant son adversaire, il espérait couper en deux parties l'armée fugitive et envelopper les troupes qu'il supposait encore en marche entre Milan et l'Adda. Chemin faisant, l'avant-garde se heurta contre des détachements qu'elle balaya jusqu'à la ville; elle y entra pêle-mêle avec eux et les jeta sur l'autre rive, où ils furent recueillis par Sebottendorf. Ce général, à la tête de dix à quinze mille hommes, se disposait à défendre la position; quatorze canons enfilaient le pont de Lodi; l'infanterie, à droite et à gauche, avait crénelé les maisons du faubourg; la cavalerie et cinq bataillons se tenaient en seconde ligne.

Quoique Bonaparte n'eût pas prévu ces obstacles, loin d'en être ému, il y vit l'occasion d'étonner les généraux autrichiens par un coup hardi et de leur ôter toute confiance dans les moyens de défense qu'ils pouvaient attendre des cours d'eau dont la Lombardie est sillonnée.

La cavalerie, avec une batterie à cheval, court chercher un gué à deux kilomètres de la ville; les canons se mettent en batterie au débouché du pont et les officiers ont ordre de diriger leurs coups sur les pièces de l'ennemi; la troupe les soutient et les grenadiers forment une colonne serrée, masquée par le vieux rempart de Lodi, la tête à gauche de la porte qui débouche sur le pont.

Le feu s'ouvre, les impériaux ripostent; mais bientôt ils s'éloignent de la rivière pour se mettre, derrière un pli de terrain, à l'abri des boulets et la cavalerie se déploie sur leur flanc droit qu'elle crible du feu de son artillerie. Pour lui faire face, ils affaiblissent leur ligne. Alors le signal est donné, les grenadiers ayant à leur tête le chef de bataillon Dupas, s'élancent au pas de course sur le pont; la mitraille un moment les arrête; les généraux accourent et les entraînent; en un clin d'œil ils atteignent l'autre rive, sautent dans les batteries, sabrent les canonniers et tournent les pièces contre les impériaux qui fuient sur tous les points, abandonnant leur matériel et deux mille cinq cents prisonniers.

Le soir, il y eut dans les bivouacs de grands conciliabules; on se souvint que le général en chef avait été nommé SOLDAT à l'ouverture de la campagne. On examina sa conduite, et en secouant la tête d'un air d'approbation, on le proclama CAPORAL : le petit caporal, nom qui devint proverbial dans toutes les armées.

Sebottendorf rejoignit Beaulieu, dont l'extrême droite avait passé l'Adda au-dessus de Lodi. Les impériaux se retirèrent sur le Mincio, renforcèrent de douze mille hommes la garnison de Mantoue et prirent des positions défensives.

Le Milanais évacué, les autorités impériales s'enfuirent; les Français prirent possession de toutes les places; ils investirent le château de Milan, et Bonaparte fit dans cette grande ville une entrée triomphale; on l'accueillit en libérateur, on s'enivra de l'espoir de voir renaître l'Italie, on organisa des gardes urbaines, on prit une attitude tout à fait propre à appuyer les opérations du général en chef. En même temps, les princes riverains du Pô, les ducs de Parme, de Modène, achetèrent chèrement la paix. L'armée, si longtemps dénuée de tout, fut tout à coup richement équipée et approvisionnée.

Une des conditions que le vainqueur imposa à ces princes fut de lui livrer quelques-uns des chefs-d'œuvre de leurs galeries.

« Je vous fais passer, écrivit-il au Directoire, vingt tableaux des premiers maîtres : du Corrége, de Michel-Ange. »

Ces trophées inconnus depuis l'ancienne Rome et qui allaient passer en habitude, ajoutaient au prestige de ses victoires et associaient, au retentissement de son nom, les sentiments poétiques de la capitale du goût.

Le Directoire se méfiait de l'influence militaire, redoutable, en effet, quand les pouvoirs civils ne donnent pas à la société la sécurité qui la fait vivre. Sa politique, de peur d'élever l'un des généraux à une trop grande puissance, consistait à diviser le commandement. Les prodiges accomplis par Bonaparte l'alarmèrent ; il lui donna l'ordre de marcher à la tête de vingt mille hommes sur le midi de la péninsule et de laisser à l'armée des Alpes le soin de surveiller les impériaux. Le jeune général désobéit; il rappela le souvenir des anciennes expéditions, où le mouvement qu'on lui prescrivait avait toujours exposé les Français à des attaques de flanc qui leur avaient rapidement enlevé leurs conquêtes; il soutint qu'une division, détachée sur la rive droite du Pô, suffirait à tenir en échec Rome et Naples; que le reste de l'armée, formé sur l'Adige, contiendrait les forces de l'Autriche et assurerait la possession de l'Italie. Il termina ces remontrances par l'offre de sa démission, et sans attendre la réponse des directeurs, il courut à de nouvelles victoires.

L'armée avait reçu son organisation définitive; elle était formée de quatre divisions d'infanterie sous Augereau, Masséna, Sérurier, Ménard (successeur de Laharpe); d'une avant-garde de huit bataillons de grenadiers et de quatre régiments de cavalerie, sous Kilmaine; d'une réserve de cavalerie, forte de six régiments, sous Beaumont.

Beaulieu avait gagné le Mincio, et sa résolution d'évacuer le Milanais avait du moins sauvé Mantoue. Il fallait l'éloigner de cette grande place; mais ce n'était qu'une partie de la tâche que l'armée d'Italie avait à remplir. Le cabinet de Vienne, déterminé à tout sacrifier à la conservation de la clef de l'Italie, tira de ses armées d'Allemagne un puissant renfort et le feld-maréchal Wurmser, qu'elle investit du commandement en chef.

Bonaparte allait donc attirer sur lui tout le poids de la guerre; mais il dégarnissait le Rhin et ouvrait la carrière à Jourdan et Moreau. Ces généraux jusque-là avaient été contenus en deçà du fleuve; Bonaparte les somma d'opérer à leur tour une diversion en sa faveur, et il fit passer à Moreau, pour activer ses apprêts de passage, l'un des millions de l'Italie.

Cependant, un incident funeste l'obligea de suspendre les coups qu'il réservait à Beaulieu. La pénurie du trésor public en France l'avait mis dans la nécessité de frapper le Milanais d'une contribution de guerre de vingt millions : fâcheuse mesure à l'égard d'un peuple qui n'attendait du vainqueur que sa liberté. Les partisans de l'Autriche ne manquèrent pas d'exploiter le mécontentement qu'elle excita et qui se traduisit, au moment où Bonaparte crut pouvoir quitter Milan, en une commotion qui parut préluder au soulèvement de toute la contrée. Il y eut à Milan des rassemblements tumultueux, encouragés par une sortie de la garnison du château; on foula aux pieds la cocarde tricolore; on abattit les arbres de la liberté. A ce signal, le tocsin retentit dans les campagnes; Pavie est envahie par les bandes qu'il rassemble; la garnison, enveloppée par cinq à six mille insurgés, est forcée de se rendre.

Bonaparte se hâte de revenir sur ses pas; il sévit

à Milan ; il charge Lannes de comprimer les villages ; de sa personne il court à Pavie, fait enfoncer les portes à coups de hache, pénètre dans les rues au milieu d'une grêle de projectiles, disperse les rebelles et menace d'anéantir la ville. L'arrivée de la garnison française, qui avait été respectée, l'apaise ; il se contente de prendre des otages et de livrer au supplice les chefs des révoltés.

Pendant ces scènes tumultueuses, il avait songé à sauvegarder la demeure du physicien Volta, célèbre par ses expériences sur l'électricité et par l'invention de la pile qui porte son nom.

Le Milanais pacifié, le château de Milan étroitement bloqué par Despinois, le général en chef rejoignit l'armée qui marchait au Mincio.

V.

Le siége de Mantoue.

Le Mincio, après avoir été resserré au sortir du lac de Garde par les derniers versants des Alpes tyroliennes, ralentit son cours en arrivant dans la plaine et forme une vaste nappe d'eau, au milieu de laquelle est bâtie Mantoue. On pénètre dans la place par deux ponts et trois digues, prolongements des routes de Brescia, Vérone, Legnago, Borgoforte et Crémone ; les deux premières routes sont interceptées par la citadelle située sur la rive septentrionale du lac.

Cette ville, que sa situation insulaire range parmi les plus fortes de l'Europe, renfermait, en 1796, vingt-cinq mille habitants. Sa défense exige une nombreuse garnison et des approvisionnements considérables que Beaulieu n'avait pu compléter lorsque les Français (vingt-sept mille) approchèrent, en appuyant sur leur gauche, du côté du lac de Garde.

Déduction faite de la garnison, il ne leur opposait pas plus de quinze à dix-huit mille hommes; mais c'était une force suffisante pour lui donner la possibilité de gagner du temps et de faire entrer dans la place des vivres et des fourrages. La crainte d'être débordé par sa droite le décida à saisir, au mépris de la neutralité de Venise, la ville forte de Peschiera, à sept lieues de Mantoue, sur le lac de Garde et le Mincio.

Flanqué par deux forteresses, il pourvut à la sûreté du pont de Borghetto, seul point alors abordable de sa ligne, et il se crut bien certain de traîner les opérations en longueur. Mais il comptait sans l'impétuosité de ses adversaires.

Combat de Borghetto (30 *mai*). — Les abords du pont furent déblayés avec la promptitude habituelle; au moment où les Français l'atteignent, une arche saute; vaine précaution! Le carabinier Guignard saute par-dessus la coupure; ses camarades, bravant le courant, font la chaîne et lui passent des portes, des poutrelles qu'ils arrachent des maisons voisines; en un instant, sous la mitraille, le pont est rétabli, les grenadiers défilent. Une autre colonne plus impatiente s'est déjà jetée dans le lit de la rivière; leur audace, les souvenirs de Lodi frappent de terreur les impériaux; ils abandonnent leurs retranchements, et, poussés l'épée dans les reins, ils prolongent leur retraite jusqu'à l'Adige.

Bonaparte laissa les débris de Beaulieu fuir dans le Tyrol; profitant de l'exemple que ce général lui avait donné, il fit occuper, sans s'arrêter aux objections des magistrats vénitiens, Peschiera, Vérone et Legnago; enfin, il prit des positions défensives autour du lac de Garde et sur l'Adige.

Ce fleuve, que cette guerre a immortalisé, d'une largeur moyenne de cent mètres sur les points occupés, est, pour la haute Italie, la meilleure ligne de défense. Il se jette directement dans l'Adriatique après avoir longtemps côtoyé le Pô, dont il est séparé par d'impraticables marécages. Il couvre plus efficacement encore une armée qui assiége Mantoue. Les corps de secours ne peuvent arriver, sur sa rive gauche, par des routes faciles, que sur un espace de huit lieues, entre Vérone et Legnago. Au-dessus de Vérone, il court au travers de montagnes d'un accès difficile où toutes les ressources d'une défensive intelligente ont la chance de s'employer avec succès.

Les postes pris sur l'Adige, Augereau et Sérurier enlevèrent, avec la vigueur habituelle, les têtes de pont et les faubourgs de Mantoue. La porte Cerèse, sur la route de Borgoforte, résista vivement; on essuyait des pertes quand les assiégeants découvrent une étroite brèche; ils s'en approchent, soulèvent un jeune tambour du nom de Cassagne et le font passer par l'ouverture. L'audacieux enfant se glisse inaperçu jusqu'à la porte et l'ouvre; on y fait irruption; les impériaux sont désarmés.

Ce coup de main n'était point une nouveauté; à chaque rencontre il se passait des faits analogues: tantôt deux ou trois hommes, en serpentant à travers les rocailles, arrivaient sur une batterie en action, tuaient à bout portant une partie des canonniers, tournaient contre les autres leurs propres pièces ou les entraînaient; tantôt un officier traçait avec la pointe de son sabre une ligne derrière un corps criblé de mitraille, et promettait le déshonneur ou la mort à celui qui, en reculant, viendrait à la dépasser.

Il arrivait encore qu'au plus fort de la fusillade les soldats s'en lassaient et demandaient à grands cris la charge; le tambour battait ce pas redouté, on croisait la baïonnette, et l'ennemi, frappé de terreur, rompait les rangs sans attendre le choc. D'autres fois, on obtenait le même résultat en marchant froidement l'arme au bras contre une position formidable au son de la musique et des chants patriotiques. D'autres fois, la chute soudaine de nombreux camarades, d'officiers aimés, excitait un transport de fureur; on se ruait en avant, on terrassait ses adversaires.

Cependant, parmi ceux qui tombaient mortellement frappés, il en était qui expiraient en fredonnant : « Je meurs pour la patrie ; » ou en s'écriant : « Faites ferme, battez-vous; n'allez pas ternir l'honneur de la demi-brigade; à votre poste, que la victoire soit complète. »

Des blessés refusaient de quitter les rangs. « Ah! disait l'un d'eux en recevant une balle à la joue droite, ils croient m'empêcher d'ajuster, nous allons voir, » et il se mettait à tirer de plus belle. « Le cas est grave, s'écriait un autre, cela demande vengeance, combattons. » Ces mots enflammaient les âmes et enchaînaient la victoire.

Il n'y avait d'impossible, avec de tels soldats, qu'un siége sans matériel; faute de canons de gros calibre, celui du château de Milan ne commença régulièrement que le 17 juin. Pendant que Despinois ouvrait la tranchée, Bonaparte prit Augereau et Vaubois (de l'armée des Alpes) et les conduisit au delà du Pô. Il avait hâte, de ce côté, d'arrêter les progrès d'un incendie qui pouvait se propager jusqu'au théâtre de la guerre. Les partisans de l'Autriche à Gênes venaient d'insurger, au pied des Apennins, les fiefs impériaux qui s'étendaient entre Tortone et la Ligurie. Des corps francs s'étaient organisés et interceptaient les communications avec la côte. Rome, d'une autre part, armait et invoquait le secours des Anglais, maîtres de l'île de Corse.

Lannes détruisit le repaire des insurgés; Augereau s'empara des légations de Bologne et de Ferrare, et Vaubois entra dans Modène. Ces premiers pas détachèrent Naples de la coalition et décidèrent le pape Pie VI à consentir un armistice stipulant l'occupation de Bologne et de Ferrare par les troupes françaises, le payement d'une contribution de guerre de vingt et un millions, et la remise aux commissaires du Directoire de cinq cents manuscrits, de cent tableaux, bustes, vases et statues. Vaubois, poursuivant sa marche, passa les Apennins, entra en Toscane comme allié, s'empara de Livourne, confisqua les marchandises anglaises, fit entrer douze millions dans les caisses de l'armée et prépara l'expédition qui devait délivrer la Corse.

Bonaparte apprit à Florence, chez le grand-duc, la capitulation du château de Milan. L'on y trouva l'artillerie nécessaire pour foudroyer Mantoue.

Toutefois, ce fut seulement le 29 juillet, après onze jours de tranchée ouverte et de bombardements partiels, que toutes les pièces furent en état de vomir le plus épouvantable feu. Cette terrible scène dura trois jours sans interruption; le 31 juillet au soir, on se préparait à donner le lendemain l'assaut aux ouvrages extérieurs, lorsque l'irruption de Wurmser changea les dispositions du général en chef.

Wurmser arrivait du Rhin avec des troupes d'élite; il avait deux fois commandé en chef sur ce fleuve, en 1793 et 1795. Malgré ses soixante-douze ans, il avait conservé une activité, une promptitude de résolution qui l'eût rendu redoutable à tout autre que Bonaparte.

Il ébranla du Tyrol près de cinquante mille hommes qui descendirent sur le Mantouan par les deux rives du lac de Garde et la rive gauche de l'Adige.

Sérurier commandait la division de siége (dix mille); couvert 1° par Sauret (quatre mille cinq cents), qui gardait l'espace entre le lac de Garde et la Chiese; 2° par Masséna (quinze mille), échelonné sur les montagnes qui séparent le lac de l'Adige et sur le fleuve jusqu'à Vérone; 3° par Augereau (cinq mille), de retour des légations avec une partie de sa division postée à Ronco et Legnago; 4° par les grenadiers et la réserve de cavalerie (six mille trois cents), sous Despinois et Kilmaine, échelonnés sur le haut Mincio.

Total, environ quarante mille hommes : c'était l'ancienne armée d'Italie renforcée d'une partie de l'armée des Alpes, dont le surplus tenait garnison en Piémont, dans le Milanais, en Toscane et sur la rive droite du Pô. Il en fallait déduire le corps de siége, suffisant à peine pour contenir la garnison. C'était donc trente mille combattants qui allaient recevoir le choc de la grande armée impériale; l'Italie entière en attendait l'effet avec anxiété. Les partisans de l'Autriche ne dissimulaient ni leur joie, ni leurs projets, et leurs émissaires réveillaient le souvenir des désastres d'autrefois; ils rappelaient que l'Italie avait toujours été le tombeau des Français.

Les hostilités commencèrent sur tous les points d'attaque le jour même où s'ouvrit le feu qui devait faire capituler Mantoue; partout le nombre l'emporta sur la vaillance.

Joubert, avec l'avant-garde de Masséna, défendait à la fois la route qui longe la rive droite de l'Adige et les sentiers du Montebaldo, montagne suspendue au-dessus du lac; il s'était couvert de quelques redoutes, mais imparfaitement. La difficulté des reconnaissances, dans un pays coupé, parmi des habitants affectionnés à l'Autriche, ne lui avait point permis de sonder la profondeur des colonnes adverses; il fut donc surpris; à la pointe du jour, huit mille hommes tombèrent simultanément sur ses positions: il ne les abandonna qu'après une résistance héroïque. Un seul bataillon barra, pendant cinq heures, l'entrée de la route dans le bas de l'Adige, et le revers intérieur des monts était encore intact quand un corps nombreux, ayant tourné le flanc extérieur du côté du lac, menaçant de prendre la brigade à revers, elle se replia sur des renforts à Rivoli. Au même instant, un troisième corps, débordant du côté du fleuve les débris de la colonne engagée dans le défilé qui longe la rive droite, la canonna sur ses flancs, sur ses derrières, l'enveloppa et la contraignit de déposer les armes.

Ce désastre découvrit le flanc droit de Joubert; il ordonna un mouvement général en arrière. Sa retraite s'opéra sans grandes pertes, grâce à des actes habituels de dévouement. Ici, c'est le capitaine Florent qui se jette au-devant d'une colonne autrichienne, et, seul, la tient en échec; là, c'est le sous-officier Garrigue qui brise le mouvement d'une autre colonne; plus loin, le capitaine Quirot, à la tête de quatre volontaires, précipite un groupe d'Autrichiens d'un monticule, d'où il les paralyse jusqu'à ce que le nombre l'oblige de se retirer.

Partout on fait son devoir, partout on montre à l'ennemi un front menaçant; un lieutenant, poursuivi de près, se retourne brusquement, étourdit d'un coup de pied l'ennemi qui déjà le touche, et lui passe son sabre au travers du corps. Le sous-lieutenant Séguin en saisit un autre, le désarme et le tue avec le fusil qu'il lui arrache.

De l'autre côté du lac, Sauret est de même accablé par des forces triples; plus de quinze mille hommes le débordent, le pressent, le refoulent dans Salo, le contraignent d'évacuer cette ville, d'y abandonner Guieu, avec une demi-brigade, dans le bâtiment où elle est casernée, et de se retirer à Denzenzano. Enfin, sur la rive gauche de l'Adige, l'avant-garde impériale est signalée à l'est de Vérone.

Ces faits, que les rapports annonçaient d'heure en heure au quartier général de Castelnuovo, dévoilèrent à Bonaparte les projets de Wurmser. Rien ne paraissait au-dessous de Vérone, l'attaque se déployait donc de cette ville à Brescia; elle prenait à revers la position de l'armée française et tendait à l'entasser sous Mantoue.

Tel était, en effet, le plan du feld-maréchal; il poussait son armée en trois corps : la droite, sous Quasdanowich (quinze à dix-huit mille), contre Sauret; le centre, sous Melas et Davidowich (vingt à vingt-cinq mille), contre Masséna; la gauche, sous Mezzaros (six à sept mille), directement sur Vérone. Il espérait balayer les corps français, les entraîner devant Mantoue, et là, les contraindre, ou de repasser le Pô, ou de commettre à une seule journée le sort de l'Italie.

Bonaparte prit aussitôt quelques dispositions; il rappela Augereau de Legnago, le fit passer à la rive droite du haut Mincio et le renforça d'une brigade empruntée à Sérurier. Il tira encore de la division de siége la brigade Dallemagne, qui marcha au secours de Sauret. Despinois, avec la réserve d'infanterie, fut dirigé vers le même point.

Le 30, l'action continua : Quasdanowich établit sa droite à Brescia sans éprouver d'obstacle, mais sa gauche tenta vainement d'enlever Guieu, qui, dénué de vivres, à peine pourvu de munitions, défendit, avec une imperturbable constance, le bâtiment où il s'était renfermé. Cependant Masséna évacua Vérone et disputa le terrain, pied à pied, jusqu'au Mincio.

La marche des impériaux s'opérait donc victorieusement; on ne pouvait plus l'arrêter par une défensive directe, il fallait frapper un de ces coups soudains qui ont élevé Bonaparte au premier rang parmi les plus grands capitaines.

Déjà il avait saisi le vice capital des combinaisons de son adversaire; il les déjoua par un des traits de génie les plus simples et les plus féconds en résultats que la science de la guerre puisse faire naître.

Wurmser s'étend de Vérone à Brescia; son armée est donc séparée par le lac de Garde en deux parties inégales; la plus faible, l'aile droite, attaquée par la masse de l'armée française, doit plier sous le faix, et, si on la met hors de combat, on a la chance très-vraisemblable de battre tour à tour le centre et la gauche, lorsque le feld-maréchal, pour rallier Quasdanowich, leur fera remonter la rive droite du Mincio.

Concevoir et agir, c'est pour Bonaparte une même chose; il porte l'armée sur sa gauche; tout s'ébranle; il est partout à la fois; il anime la troupe, tantôt par son calme et son assurance, tantôt par d'apparentes craintes; il parle de retraite à une demi-brigade : elle se récrie et promet de vaincre. Il consulte ses lieutenants et a l'art de se faire conseiller ce qu'il a résolu. Tel s'imagine commander lorsqu'il obéit, et, s'enflammant pour ce qu'il croit sa propre idée, s'élance avec une ardeur irrésistible. « Comment donc serons-nous flanqués du côté de Mantoue? » objecte Despinois. « Par des baïonnettes! » s'écrie Augereau.

L'armée a deux fronts : l'un (environ cinq mille), composé des brigades Pigeon et Valette, de la division Masséna, appuyées sur Peschiera, où le vieux général Guillaume commande une petite garnison, observe le Mincio et regarde du côté de Vérone; l'autre, formé de la division Sauret, de la réserve de Despinois, de la brigade Dallemagne (environ douze mille), pousse à Quasdanowich. Entre les deux, Bonaparte, avec Augereau, Masséna et Kilmaine (environ dix-huit mille), se dispose à se porter où l'appellera le péril.

Le 31, Sauret dégagea Guieu, et, sur toute la ligne, on fut aux prises avec Quasdanowich. A la nuit, Sérurier, après avoir une dernière fois couvert de feu la place de Mantoue, encloua ses canons, détruisit les affûts et conduisit le reste de sa division (cinq à six mille) sur le bas Oglio, autant pour diviser l'attention de Wurmser que pour garder à tout événement la route de Crémone.

VI.

La campagne de cinq jours.

Le 1er août fut un jour d'allégresse pour les Mantouans et les impériaux. Aux lueurs du matin, ils virent les tranchées abandonnées, le matériel de siége démonté, bouleversé. Ils mirent aussitôt en campagne des partis qui ramenèrent quelques prisonniers.

Dans la même journée, on continua la lutte contre Quasdanowich, et, pour en hâter les résultats, jusque-là trop indécis, Augereau rentra dans Brescia. Le général ennemi perdit dès lors l'initiative, et les trois corps dirigés contre lui, suffisant à le mettre hors de combat, Bonaparte fit rebrousser Augereau et Masséna contre les lieutenants de Wurmser.

Ceux-ci, le lendemain, après avoir masqué la place de Peschiera, passèrent le Mincio à Borghetto. Le feld-maréchal en personne, avec sa cavalerie et deux divisions d'infanterie, fit à Mantoue une entrée triomphale, et, en apprenant la direction prise par Sérurier, il ne douta pas d'avoir rejeté toute l'armée française au delà de l'Oglio.

Elle en était loin; l'aile gauche, constamment engagée contre Quasdanowich, le harcela, l'amoindrit, le contraignit de se renfermer soit à Salo, soit dans le camp de Termini, sur la Chiese.

Il n'était plus à craindre; mais Pigeon et Valette, poussés par Bayalisch et Liptay (environ vingt mille), cédèrent près de cinq lieues de terrain à partir du Mincio; le premier fit halte à Lonato, le second abandonna la position de Castiglione qui lui était indiquée comme lieu de ralliement. Le danger était là; Bonaparte y courut avec ses deux lieutenants.

Malgré l'échec de Valette, ses prévisions se vérifiaient : Quasdanowich, impuissant par lui-même, ne songeait plus qu'à gagner du temps, à s'affermir en attendant le concours de ses collègues ;

mais pour le rallier ceux-ci devaient préalablement écraser Augereau et Masséna; c'était une rude tâche, et il était probable qu'ils seraient écrasés eux-mêmes avant que Wurmser, tout entier à la joie d'occuper Mantoue et de poursuivre Sérurier, pût être détrompé.

Bataille de Lonato (3 *août*). — A la pointe du jour Bayalisch attaqua Pigeon dans Lonato, le culbuta, le fit prisonnier, enleva la ville et s'étendit par la droite pour donner la main à Quasdanowich. Mais Bonaparte arrivait avec l'infanterie de Masséna; il forme en colonne serrée, flanquée par un régiment de dragons, les 18e et 32e, ses redoutables demi-brigades; il les jette sur le centre de Bayalisch et rompt sa ligne en deux masses. L'une fuit épouvantée jusqu'au Mincio; l'autre, débordée à gauche par la colonne d'attaque, recule à grands pas pour s'appuyer au lac. Bonaparte lance à toute bride son aide de camp Junot à la tête des guides, en lui prescrivant de la charger, de la prévenir à Denzenzano. Junot tue de sa main six hulans et tombe grièvement blessé, mais son mouvement réussit; les impériaux sont rejetés sur Salo, où ils sont rudement accueillis par les postes de Guicu; alors ils se débandent et l'on n'a plus qu'à ramasser des prisonniers.

Cependant le général en chef se porte sur Castiglione; la mission de Liptay était de tenir bon jusqu'à l'arrivée de Wurmser; les localités secondaient ses dispositions défensives. Mais il avait affaire à Augereau; l'impétueux général d'un premier effort lui enleva la ville; toutefois il résistait encore avec opiniâtreté, quand Kilmaine le tournant à la tête de deux régiments de cavalerie, changea sa défaite en déroute.

Le feld-maréchal s'était ébranlé pour le soutenir; il suspendit sa marche et remit au surlendemain la bataille que ce jour même il croyait livrer; mais déjà son armée était réduite de moitié. En effet, Quasdanowich reçut, le 4, dès l'aube du jour, le coup décisif, et se mit en retraite au delà du lac d'Idro. Il ne restait donc aux impériaux que le centre et la gauche; le centre, qui venait de laisser à Castiglione et Lonato huit mille morts, blessés ou prisonniers; la gauche, qui était encore en partie au delà du Mincio; il y avait donc pour eux nécessité de se rallier sur cette rivière. Ce résultat de la victoire de la veille laissait la division Sérurier libre de ses mouvements. Le reste de cette journée fut employé de part et d'autre à faire les apprêts d'un engagement général, à rassembler les troupes qui devaient combattre. On était à nombre égal; mais il n'y avait plus de comparaison entre le moral des deux armées. L'infanterie française avait en outre acquis ce qui lui manquait au commencement de la campagne, l'habitude des grandes manœuvres.

Quant à la cavalerie, elle avait en toute rencontre rivalisé avec la célèbre cavalerie des impériaux; la compagnie des guides, créée pour les besoins d'une guerre qui n'était qu'une mêlée perpétuelle, s'était surtout signalée par son agilité et son audace.

Selon son habitude, Bonaparte, à cheval nuit et jour, se portait partout où sa présence pouvait hâter la marche des colonnes. Sur le soir, comme il entrait à Lonato, où se trouvaient seulement douze cents hommes, un parlementaire se présente, lui annonce l'approche de quatre mille impériaux, et le somme de déposer les armes. C'était une partie du corps de Quasdanowich; séparée du général elle avait recueilli les fuyards de Bayalisch, et elle tentait un dernier effort pour percer jusqu'à Wurmser. Bonaparte se place au milieu de son état-major, puis appelant l'officier ennemi : « Vous êtes, dit-il, en présence de l'armée française et du général en chef; vous avez huit minutes pour vous rendre; passé ce délai votre général n'a plus rien à espérer. » Quelques minutes après les impériaux étaient prisonniers. A la suite de cet incident périlleux, Bonaparte compléta les dispositions qui devaient achever la défaite de son adversaire.

Bataille de Castiglione (5 *août*). — Le but de Wurmser était d'ouvrir la communication avec Quasdanowich; il devait tendre à manœuvrer par sa droite. Bonaparte avait résolu de l'attirer de ce côté et d'accabler son aile gauche.

A l'aube du jour on prit les armes; les impériaux formèrent deux lignes d'un total d'environ vingt-cinq mille hommes flanquées à gauche par une grande redoute armée de canons. Les Français, en pareil nombre, se déployèrent : Augereau, sur les hauteurs, en avant de Castiglione; Masséna à gauche; Kilmaine, avec les grenadiers et la cavalerie à droite. Mais ce n'était pas tout, la division Sérurier, commandée temporairement par Fiorella, avait quitté l'Oglio à l'entrée de la nuit et avait pris une route transversale qui la conduisait sur les derrières de l'aile gauche ennemie. Son arrivée devait être le signal de l'attaque; en l'attendant, Augereau et Masséna mirent en avant un rideau de tirailleurs que les premiers coups de feu replièrent facilement. Alors Masséna tout entier commença à rétrograder, et Wurmser, trompé par les apparences, n'hésita pas à engager sa droite. A peine est-elle aux prises, que le canon de Fiorella retentit dans la plaine; aussitôt l'artillerie de Marmont foudroie la redoute, et Verdier, à la tête de trois bataillons de grenadiers, s'avance pour l'emporter. Avant de monter à l'assaut, il veut donner à sa troupe une belle attitude militaire, et, la pointe de l'épée en l'air, il crie : *A droite!* Comme il prononce ce mot un boulet tue son cheval, et lui, sans que l'interruption soit sensible, sans que son arme vacille, sans que sa voix trahisse la moindre émotion, achève : *alignement !* Le soldat est électrisé, la redoute est forcée ; la cavalerie de Beaumont s'étend jusqu'à Fiorella ; celui-ci aborde le flanc des impériaux. Tout prend l'alarme de ce côté, des cavaliers lancés à fond de train pénètrent jusqu'à Wurmser ; son escorte a peine à le dégager, et il se hâte d'opposer sa seconde ligne à ces nouveaux venus qui menacent de le détacher du Mincio. C'est ce que Bonaparte a prévu ; il fait battre la charge, toute sa ligne s'avance à la fois. Les impériaux n'attendent pas le choc ; l'ordre leur est donné de faire retraite, ils se mettent en fuite au delà du Mincio.

L'extrême fatigue de l'armée française les préserva d'une destruction entière ; ils ne perdirent que deux à trois mille hommes, dix-huit pièces, cent vingt caissons, et contre un ennemi moins entreprenant ils eussent pu tenir encore la campagne ; mais Bonaparte ne se bornait pas à remporter des victoires, il savait en retirer le fruit.

VII.

Le blocus de Mantoue.

Il avait, sur son adversaire, d'autres avantages que la supériorité du talent. L'Autriche recevait une subvention du gouvernement britannique et subissait, au quartier général, la présence d'un commissaire anglais, surveillant hautain et incommode dont la volonté s'imposait quelquefois sous le feu. Ce n'était pas assez; le chef d'état-major de l'armée impériale n'était point, comme chez les Français, le confident dévoué, l'interprète intelligent des grandes conceptions du général. Porteur des instructions strictes et inflexibles du conseil aulique, imbu de ses méfiances, de son esprit systématique, il était plus propre à paralyser qu'à seconder ces élans du génie qui maîtrisent la victoire. Les lieutenants du feld-maréchal : les Liptay, les Bayalisch, les Davidowich, les Mezzaros, les Quasdanowich, Slavons, Hongrois, Serviens ou Croates, nés avec les aptitudes guerrières de leurs provinces, étaient d'une bravoure à toute épreuve, mais sans autres passions que celles qu'ils tenaient de l'éducation et de l'esprit de caste; entravés d'ailleurs, non moins que leur chef, par la crainte de cette ombrageuse cour de Vienne qui, après les désastres de Beaulieu, avait envoyé en Tyrol un général chargé d'en rechercher les causes.

Quasdanowich, qu'on vient de voir manœuvrer avec tant d'hésitation, entre Brescia et le lac de Garde, quelques jours avant Jemmapes, était logé, à la frontière du nord, chez un curé de village. Il reçoit l'ordre de partir pour Mons, et, par pure bienveillance, il exhorte son hôte à ne point s'exposer aux outrages des bleus, à quitter son presbytère. « C'est, lui dit-il, l'affaire de vingt-quatre heures, demain vous rentrerez chez vous. » Ce demain se faisait attendre depuis quatre ans, et le pauvre curé, depuis quatre ans, en gémissant, suivait la fortune du général dans toutes ses vicissitudes ; il avait passé de la Belgique aux bords du Rhin, et finalement des bords du Rhin en Italie, aspirant toujours, au milieu du fracas des armes, à l'heure fortunée où il reverrait sa paisible paroisse. Le conseil aulique le trouva suspect d'espionnage ; il fut arrêté, garrotté, jeté dans une mauvaise chaise de poste, conduit au grand galop à travers la Suisse et livré aux autorités du département du Jura. Par bonheur, on était en 1796, mais on ne le conduisit pas moins de prison en prison, sans qu'il pût trouver de juges, jusqu'au moment où le consulat accomplit à son égard la promesse de Quasdanowich.

Quel contraste dans l'autre camp! Bonaparte commandait, exécutait avec la plus entière liberté d'esprit. L'armée, admirablement coordonnée, pouvait se comparer à un corps jeune, ardent, robuste, dont ses inspirations étaient l'âme. Aux moments de crise, comme à Castiglione, il exaltait ses lieutenants jusqu'à les engager à assumer sur eux-mêmes la responsabilité des événements. « Si nous avons du dessous, s'écria Augereau dans les délibérations qui précédèrent la bataille, c'est que je serai mort. »

L'éducation des troupes de diverses armes, d'abord incomplète, se perfectionnait chaque jour, et, parmi les généraux de division et de brigade, de grands talents se développaient, fécondés par les leçons, par les exemples du général en chef.

Au premier rang brillait Masséna, homme de coup de main jusqu'alors, et chez qui désormais se révélaient les qualités du grand commandement. Masséna, originaire du comté de Nice, avait trente-huit ans; longtemps soldat, puis sous-officier dans le régiment royal italien, il avait quitté le service en 1789, désespérant d'être jamais promu sous-lieutenant; la révolution l'y rappela; 91 le fit adjudant-major du 2e bataillon de volontaires du Var; 93 le fit général de brigade, et, presque aussitôt, général de division. Il avait pris part à tout ce qui s'était passé de mémorable à l'armée d'Italie. Sa fougue, sa ténacité, son intelligence de la guerre de montagnes, son art d'enlever le soldat s'étaient signalés surtout à Loano, où il aurait anéanti l'armée impériale, si le général en chef, Schérer, eût suivi ses progrès d'un œil attentif et les eût secondés. Il ne lui manquait plus que la science de la grande guerre, et il en faisait glorieusement l'apprentissage.

Après lui venait Augereau, plus âgé d'un an; né à Paris d'une famille d'ouvriers, longtemps sous-officier aussi, et envoyé en Italie pour l'instruction des troupes napolitaines, il avait servi d'abord en Vendée, puis aux Pyrénées-Orientales où il était devenu général de division. Schérer l'avait amené d'Espagne, et il pouvait revendiquer aussi une part de la gloire de Loano. D'un esprit moins vaste que son collègue, moins apte aux opérations stratégiques, nul ne le surpassait comme tacticien; il savait merveilleusement, sur le champ de bataille, manier l'infanterie et faire l'emploi des diverses armes.

Peut-être ces deux généraux, qui comptaient de beaux services quand Bonaparte commençait à poindre, ne l'avaient-ils pas vu, sans envie, appelé au commandement qu'ils pouvaient ambitionner. Mais ce sentiment avait cédé au patriotisme, à l'amour du devoir; tous deux rivalisaient de zèle comme d'intrépidité.

Sérurier, âgé de cinquante-quatre ans, major, puis colonel de l'ancien régime, officier de la guerre de Sept ans, était resté ce qu'il avait toujours été : sévère, exact, compassé, rigide observateur de la discipline, très-propre à l'opération dont il était chargé : la direction du siége de Mantoue.

Kilmaine, Irlandais de nation, âgé de quarante-deux ans, illustré par la guerre d'Amérique, et par une habile retraite dans le nord, n'était pas inférieur en talents à ses collègues, mais sa froideur, sa réserve habituelle, son origine étrangère le mettaient moins en rapport avec l'entrain du soldat, et il n'était point comme eux employé à ces actions brillantes où il est nécessaire de l'enthousiasmer.

Laharpe n'était pas encore remplacé; Ménard avait été mis hors de combat; Sauret, son successeur, ne s'était pas montré, dans les derniers événements, capable d'effacer les regrets qu'avait laissés Laharpe. Despinois, promu général de division, pour sa conduite au siége du château de Milan, venait de pâlir aussi devant Quasdanowich et d'encourir la disgrâce du général en chef.

Mais, parmi les jeunes généraux de brigade, quelques-uns avaient rapidement grandi, entre autres : Joubert, si brave et qui devait si peu vivre; Lannes, destiné à participer aux plus belles victoires de l'empire et à tomber avant son déclin;

Dallemagne, que le délabrement de sa santé réservait aux honneurs de la législature, et Guieu, qui ne fit qu'apparaître, tant la carrière des armes est glissante et prompte à engloutir les héros qu'elle produit.

Quelle que fût la joie des vainqueurs de Castiglione, cette journée n'avait point apaisé la colère qu'ils avaient ressentie en abandonnant le siége de Mantoue, au moment où cette forteresse, qui renfermait la paix dans ses murs, allait succomber. Ils étaient impatients de châtier encore l'armée qui leur avait arraché leur proie.

Wurmser, quoique numériquement plus fort pour défendre le Mincio que ne l'était précédemment Beaulieu, n'avait point d'aussi solides appuis. La place de Peschiera lui manquait. Guillaume, malgré la vigueur des impériaux à ouvrir et à pousser des tranchées, tenait bon quand il entendit le canon de Castiglione et reçut à la fois l'avis de la victoire et d'un secours prochain. Dès le lendemain il fit une sortie, et, pendant qu'il était aux prises, Masséna survint. Celui-ci, aussitôt qu'il eut sous sa main toute sa division, culbuta les assiégeants et les déborda en les détachant du lac. De son côté, Augereau ouvrit, devant le pont rompu de Borghetto, une violente canonnade.

Leur ardeur, leur promptitude firent craindre aux impériaux d'être enfoncés par le centre, tournés à droite, devancés sur l'Adige; ils battirent en retraite pendant la nuit, après avoir à la hâte préparé Mantoue à subir, non plus un siége, mais un blocus peut-être rigoureux.

A l'aube du jour, on les poursuivit sur tous les points; Masséna reprit le plateau de Rivoli. Bonaparte fit enfoncer à coups de canon les portes de Vérone, où il enleva des bagages et un grand nombre de prisonniers; Augereau déboucha de cette ville par la route de Vicence, et la division Sauret remonta la rive droite du lac de Garde.

Les jours suivants, par une série de mouvements audacieux, on enleva, à la droite du lac, le château de la Rocca d'Anfo; à la gauche, les escarpements du Montebaldo; on refoula les vaincus sous les murs de Trente. Enfin, la division Sérurier, commandée par Sahuguet, forma de nouveau le blocus de Mantoue. La garnison, relevée et ravitaillée, était forte de dix-sept mille hommes; elle tint quelque temps dans le Seraglio, espace compris au sud de la place, entre le Pô et le Mincio; elle s'en prévalut pour ajouter à ses approvisionnements; mais enfin on la refoula pied à pied, on la renferma dans les remparts, et le 24 août, la division de siége avait repris ses positions à l'entrée des digues et autour de la citadelle.

VIII.

L'invasion du Tyrol.

L'armée impériale avait perdu quinze mille prisonniers, six mille tués ou blessés. On comptait dans les rangs français six mille tués ou blessés et quatre mille prisonniers; la disproportion des forces était donc toujours la même. De plus, la saison s'avançait où l'ennemi allait être cruellement secondé par le climat. A la fin de l'été, la Lombardie, l'une des plus belles et des plus fertiles contrées du globe, est en proie à des fièvres qui, autour de Mantoue, prennent un caractère pestilentiel. La nécessité de cantonner, exposés à des alertes continuelles, loin des ressources des villes, de subir les mêmes privations, les mêmes fatigues dont on avait si longtemps souffert en Ligurie, donnait prise à la maladie dont tour à tour presque tous furent atteints.

Mais dans ce même temps, Bonaparte recueillait le fruit de la diversion qu'il avait opérée en faveur des armées d'Allemagne. Jourdan et Moreau étaient enfin entrés en opérations, et l'archiduc Charles, qui avait réuni sous ses ordres les deux armées commandées précédemment par Clerfayt et Wurmser, affaibli des troupes d'élite que ce dernier avait conduites dans le Tyrol, se retirait péniblement devant eux. Leurs progrès tenaient en suspens l'armée impériale d'Italie. L'armée de Sambre-et-Meuse était, de toutes les armées françaises, celle qui avait accompli les plus grandes choses. Son modeste général, sincèrement dévoué à la cause de la révolution, était secondé par des hommes tels que Kléber, Lefebvre, Marceau, Championnet, Bernadotte. L'armée de Rhin-et-Moselle, quoique moins illustrée, n'était pas d'une moindre valeur. Toutes deux étaient égales en ardeur guerrière, en amour de la discipline; toutes deux avaient au même point cette fierté que donne au soldat une longue suite de victoires. Moreau, plus habile capitaine que Jourdan, n'avait point la même fermeté de principes; ses qualités militaires étaient ternies par la faiblesse de caractère qui devait le faire tomber dans l'abîme. Parmi ses lieutenants brillaient Desaix, Saint-Cyr et Delmas.

Le jeune archiduc, depuis l'émule de Napoléon, débutait comme lui, et, devant de tels adversaires, il ne pouvait que reculer ; chaque pas rétrograde l'amoindrissait ; il perdait ses auxiliaires allemands en évacuant leurs principautés et son infériorité numérique s'accroissait de jour en jour.

Selon les instructions de Carnot, celui des directeurs à qui étaient attribuées les opérations de la guerre, Jourdan, en remontant la vallée du Mein, débordait, par la droite, l'aile droite de l'armée impériale commandée par Wartensleben; Moreau, en se portant au Danube, pesait sur la gauche de l'archiduc. Poussé aux bords de ce fleuve, le prince tenta la fortune; il livra à Moreau la bataille de Neresheim, la perdit et passa sur l'autre rive. Moreau l'y suivit et entra dans la haute Bavière, pendant que les vaincus prenaient les routes de l'Autriche.

La présence de l'armée de Rhin-et-Moselle aux portes du Tyrol allemand ébranla tout en Italie. Le conseil aulique, craignant la jonction de Moreau et de Bonaparte, prescrivit à Wurmser de reporter la guerre sur le bas Adige ou dans la plaine de Mantoue. Ses divisions réorganisées, renforcées, il se trouvait de nouveau à la tête de quarante à cinquante mille hommes; les Français avaient à peine comblé leurs vides : il n'était guère à supposer qu'ils prissent l'initiative; ce fut cependant ce qui arriva.

Après avoir pourvu à la sûreté de l'Adige, Bonaparte mit en mouvement par les deux rives du lac : à gauche, Vaubois (division Sauret); à droite, Masséna et Augereau. Ces colonnes d'invasion comptaient environ trente mille hommes. Vaubois était en présence du prince de Reuss; il repoussa ses avant-postes, et ayant opéré sa jonction à la pointe septentrionale du lac avec Guieu, qui avait transporté sa brigade par eau, il enleva le camp retranché des impériaux qui le séparait de l'Adige.

Bataille de Roveredo (4 *septembre*). — Masséna le côtoyait par la grande route ; au bruit de son canon, il se jette tête baissée dans le défilé de San Marco. Là, les montagnes sont très-rapprochées du fleuve, et l'intervalle est comblé d'infanterie. Deux bataillons dispersés en tirailleurs se répandent sur les monts, harcèlent cette masse de leurs feux plongeants et y sèment le désordre. Lorsque Bonaparte la voit ébranlée, il lance sur la chaussée, en colonne serrée par bataillons, sa 18e demi-brigade. Le combat s'engage corps à corps. Au fort de la lutte, la cavalerie fournit une charge heureuse sur le flanc de l'ennemi, qui recule précipitamment jusqu'à Roveredo. On le poursuit et Vaubois paraît sur la rive opposée ; Roveredo est évacuée.

Les impériaux ne se raffermirent qu'à une lieue de la ville, au défilé de Caliano; c'est une gorge plus étroite encore que celle de San Marco et l'entrée en est fermée par le château de la Pietra, que dominent des rochers perpendiculaires. Les rochers, le château sont hérissés de canons et de baïonnettes, à l'abri des assaillants ; la route est encombrée d'infanterie et de cavalerie.

Bonaparte fait lui-même les dispositions de l'attaque ; il porte des tirailleurs sur les rochers, il fait glisser sous la berge de l'Adige une demi-brigade qui déborde le château, il fait hisser sur les rochers une batterie qui le foudroie à revers ; il prend un détachement de cent hommes. « Vous allez, leur dit-il, passer entre le château et les montagnes; vous essuierez deux coups de mitraille, peut-être même serez-vous prisonniers, mais vous serez délivrés promptement; marchez. » Ils marchèrent; le château fut enlevé; les vainqueurs débouchèrent sur la chaussée en colonne serrée et culbutèrent les Autrichiens frappés d'effroi. Le chef de brigade Carové, du 1er de hussards, se met à la tête d'une centaine de cavaliers, se rue sur les fuyards, les devance, les tourne, les rompt, leur coupe la retraite; il périt, mais il a donné un nouveau lustre à la victoire en forçant quatre mille hommes de déposer les armes.

Cette journée, à laquelle on a donné le nom de bataille de Roveredo, livra aux Français l'entrée du Tyrol italien; elle coûta aux impériaux leur matériel et huit à dix mille hommes hors de combat; ils se retirèrent sur l'Avisio.

Le lendemain Bonaparte prit possession de Trente, et fut informé de l'état des choses en Italie et en Bavière. Les troupes qu'il venait de vaincre composaient le corps du Tyrol, commandé par Davidowich. Le reste de l'armée (environ trente mille), sous Wurmser, pour obéir aux injonctions du cabinet de Vienne, s'était jeté dans la vallée de la Brenta, pour gagner Bassano et y prendre la chaussée de Vérone.

En Allemagne, les affaires avaient changé de face. Lorsque l'archiduc vit Moreau se fourvoyer en Bavière, il déploya devant lui un rideau de trente-cinq mille hommes, commandés par le comte de Latour, et prenant vingt-cinq mille hommes, il passa le Danube pour tomber sur le flanc de Jourdan; celui-ci, toujours en combattant avec succès, avait repoussé le corps autrichien de Wartensleben jusqu'à la Naab, affluent du Danube qui s'y jette un peu au-dessus de Ratisbonne, et il attendait le concours de son collègue pour porter des coups décisifs.

Bernadotte, son général d'avant-garde, aussitôt que le mouvement de l'archiduc fut prononcé, en avertit Moreau et invoqua son secours, mais vainement; Jourdan, pris entre l'archiduc et Wartensleben, se vit contraint de reculer.

Moreau ne tenta rien pour le dégager; en deux marches il pouvait se transporter sur la gauche des impériaux; des détachements de cavalerie de l'autre armée s'approchèrent assez de lui pour lui indiquer le moment opportun; il ne le saisit pas; il laissa aux ennemis la gloire d'accabler le vainqueur de Fleurus, et quoiqu'il eût battu Latour, quoiqu'il eût fait en Bavière de notables progrès, il était visible qu'il s'était condamné lui-même à battre en retraite. On pouvait craindre ce qui arriva en effet, que l'Allemagne ne fût dégagée, et que l'armée d'Italie ne redevînt le but de tous les efforts de la maison d'Autriche.

Dans l'urgence de la crise, Bonaparte, sans hésitation, résolut de s'élancer sur les traces de Wurmser et de l'atteindre avant qu'il sortît de l'étroite et sinueuse vallée où il formait une colonne allongée. A l'instant même il conduisit Vaubois sur l'Avisio.

Davidowich avait pris derrière cet affluent de l'Adige une bonne position; les bateaux étaient enlevés, les avenues du pont barricadées, le pont lui-même était couvert d'artillerie. Les obstacles sont surmontés, le pont est enlevé, selon l'habitude, sous la mitraille. Pendant ce temps Murat passe à gué avec mille cavaliers portant autant de fantassins en croupe; d'autres fantassins se plongent dans l'eau jusqu'au cou et parviennent à l'autre rive. Quelques-uns de ces derniers, commandés par le chef de brigade Dessaix, escortés d'une dizaine de hussards, aperçoivent un parti de cavalerie; Dessaix le prenant pour des Français s'approche et lui donne ses ordres, quand un hulan lui posant sur la poitrine la pointe de son sabre, lui déclare qu'il est prisonnier; Dessaix fait un pas en arrière, se met en garde, et d'une voix tonnante s'écrie : « C'est vous qui êtes mes prisonniers; pied à terre à l'instant, ou je vous fais passer par les armes. » Un duel au sabre s'engage entre le colonel et le hulan, les hussards chargent, les fantassins croisent la baïonnette, le détachement descend de cheval et se rend. Davidowich, forcé sur tous les points, abandonne sa ligne et se retire en remontant l'Adige. Il était hors de cause; Bonaparte, sans en tenir compte, pouvait marcher à Wurmser. Il confie à Vaubois la défense de l'Avisio; il conduit sur la Brenta Masséna et Augereau.

IX.

L'entrée de Wurmser à Mantoue.

Déjà la division d'avant-garde sous Mezzaros débouchait sur Vicence; mais Wurmser, à la tête du corps de bataille, n'avait pas encore quitté Bassano. Le dessein de Bonaparte était de le forcer à faire volte-face, de l'aborder à nombre égal, de le vaincre, de l'acculer à l'Adige, s'il suivait son avant-garde, ou, s'il se retirait par sa droite, de le poursuivre jusqu'aux Alpes, d'éloigner la guerre de Mantoue, et d'ôter à cette place l'espoir d'être secourue.

Après trente-six heures de marche, on se heurta contre une arrière-garde (trois mille) campée au défilé de Primolano. Il y avait là, comme à Caliano, un fort, le château de Covolo, qui fermait la vallée. Construit sur un roc à soixante mètres au-dessus du niveau de la Brenta, il en embrassait les deux rives, et, du côté de la rivière, il était inaccessible; mais on pouvait le tourner du côté des montagnes. La 5e légère, récemment arrivée en Italie, s'élance à travers les ravins, enlève deux canons et parvient au pied du rempart. Un de ses caporaux nommé Fronton saute par une embrasure, se fait jour jusqu'à la porte et l'ouvre; la demi-brigade s'y engouffre tout entière, sort par la porte opposée et fonce la baïonnette en avant. Les dragons accourent, chargent les impériaux éperdus, les tournent, les contraignent de déposer les armes.

Bataille de Bassano (8 *septembre*). — On bivouaqua deux lieues plus loin; à l'aube du jour on se présenta devant les gorges de la Brenta qu'il fallait franchir encore avant d'apercevoir, sur la rive gauche du fleuve, la ville de Bassano. Six bataillons (quatre mille hommes) les occupent; ils veulent ralentir les assaillants jusqu'à ce que Mezzaros, qui a été rappelé, rejoigne le feld-maréchal. Cependant Quasdanowich, soutenu par Sebottendorf en avant de la ville, la gauche appuyée à la rivière, se prépare à défendre un camp retranché qui couvre le grand parc et l'équipage de pont.

Augereau et Masséna, le premier par la rive gauche, le second par la rive droite de la Brenta forcent les gorges, culbutent, écrasent les bataillons qui s'y sont postés et les poussent en désordre sur la ville où eux-mêmes s'avancent. Sebottendorf la traverse pour tenir tête à Masséna. Mais les fuyards de l'avant-garde surviennent, le troublent et lui laissent à peine le temps de former au delà du pont un bataillon et un escadron, que le feu d'Augereau bientôt disperse. Les deux généraux français, alors, attaquent le pont par ses deux extrémités, et s'emparent des pièces qui en battent les approches. Augereau sur-le-champ pénètre dans la ville.

Quasdanowich, Sebottendorf, séparés l'un de l'autre, l'évacuèrent sans cesser de combattre. Masséna les poursuivit avec acharnement, les empêcha de se raffermir, les atteignit et les mit à la débandade. Les uns s'enfuirent du côté du Frioul, les autres, avec le feld-maréchal, gagnent le Vicentin, abandonnant aux vainqueurs quatre mille prisonniers, trente-cinq canons attelés, cinq drapeaux, deux équipages de pont et deux cents fourgons de bagages.

On était rentré en opérations depuis cinq ou six jours, et Wurmser, qui naguère commandait vers Roveredo une armée de près de cinquante mille hommes, pourvue d'un riche matériel, se trouvait maintenant resserré entre la Brenta et l'Adige avec seize mille combattants au plus. Le reste avait péri, était prisonnier ou fuyait sur les routes du Tyrol et de la Carinthie.

Dans cette cruelle conjoncture, Wurmser se

montra digne adversaire de Bonaparte. Il est à cent kilomètres de Mantoue ; il faut avant d'arriver sous ses remparts, qu'il franchisse l'Adige, qu'il traverse les cantonnements français, qu'il brave mille dangers. Mais si la route est longue et périlleuse, quelle gloire d'arrêter l'essor du vainqueur, de ramener, de fixer la guerre sous Mantoue, de donner à Vienne le temps de mettre sur pied de nouvelles forces !

Sa résolution est prise, ses ordres sont expédiés; présumant avec assez de vraisemblance que les Français sont peu nombreux sur l'Adige, et que Legnago doit être le point le moins gardé, il prescrit à Mezzaros de s'en emparer. Par un favorable hasard les impériaux trouvent cette petite place sans garnison ; l'occuper, la mettre en état de défense, passer l'Adige, lancer des partis dans la direction de Vérone et dans celle de Mantoue, tels sont les premiers soins du feld-maréchal.

Cependant Bonaparte ne perdit pas un instant pour mettre à profit toutes les chances désavantageuses que présentait à la colonne autrichienne sa téméraire expédition. Il lança Masséna sur son flanc droit, et, sur ses derrières, Augereau : le premier doit la devancer, la tourner, l'attaquer de front, le second s'attacher sans relâche à ses pas et, s'il y a lieu, reprendre Legnago. Il fait passer à Sahuguet l'ordre de rompre les ponts du Tione, de la Molinella et de porter sur cette petite rivière une brigade de la division de siége.

Combat de Cerea (10 *septembre*). — Masséna passa l'Adige au bac de Ronco, en même temps que Wurmser à Legnago; à mesure que son avant-garde composée de deux régiments de cavalerie sous Murat, des 4e légère et 18e de bataille sous Pigeon, prenait pied sur la rive droite, elle se portait en avant. Son impatience, son activité eurent un résultat funeste. Au lieu de gagner pays de manière à côtoyer les impériaux et à prendre son temps pour ouvrir le feu, elle tourna brusquement à gauche, par le chemin le plus rapproché de l'Adige, et atteignit Cerea, à six kilomètres de Legnago et à quatorze kilomètres de Ronco, c'est-à-dire à portée des masses de l'ennemi et à deux heures de marche du corps de bataille.

Mais à Cerea, il y a sur le Menago, petit affluent de l'Adige, un pont dont la possession eût été décisive si l'on s'y fût maintenu jusqu'à l'arrivée de la division. La cavalerie charge et est ramenée; elle charge encore et enlève le pont; l'infanterie, à cette nouvelle, se met au pas de course et les soldats arrivent un à un; trente carabiniers de la 4e d'abord, prennent position dans le village, deux cents autres les suivent, se lancent à travers les jardins, poussent à l'ennemi et le contraignent à la fuite. Mais il se rallie, se renforce, se serre, tombe en bon ordre sur des hommes dispersés, les accable de son feu et les chasse dans la plaine. Toute la 4e est entraînée; la cavalerie elle-même se débande, la déroute est complète, on perd quatre canons; la 18e survenant est emportée par le torrent; le mouvement prescrit à Masséna est manqué. Wurmser, échappé à ce péril, se hâte de partir pour Mantoue par la grande route, déterminé à passer sur le corps de tout ce qu'il rencontrera et d'emporter, l'épée à la main, le passage des rivières dont les ponts sont rompus. Comme il approchait de la Molinella, un habitant lui apprit qu'à sa gauche le passage était libre et qu'à cinq kilomètres de la chaussée, il trouverait un pont auquel Sahuguet n'avait pas songé. Le feld-maréchal saisit avec joie cette indication précieuse, il tourne les troupes françaises et opère sa jonction avec la garnison de Mantoue. Sahuguet tenta de contrarier le mouvement de sa colonne par des attaques de flanc; après des succès variés, sans résultat saillant, il replia la division de siége sur le haut Mincio, à trois lieues au nord de Mantoue.

Quelque heureuse qu'eût été la marche des impériaux, quelque contrariété qu'en éprouvât Bonaparte, il fit, sans trouble comme sans impatience, les apprêts de l'engagement qui devait renfermer (fait sans exemple dans les fastes de la guerre) le général en chef et les débris d'une armée de secours, dans les murs qu'ils n'avaient pu délivrer. Ce ne fut pour lui qu'une question de peu de jours; les soldats en firent une question de point d'honneur et la bataille de Saint-Georges eut un cachet particulier d'acharnement. Legnago repris, Augereau étant tombé malade, sa division, commandée provisoirement par Bon, se rendit de l'Adige au bas Mincio; trois jours après Bonaparte était en mesure.

Bataille de Saint-Georges (15 *septembre*). — Wurmser appuyait son armée (vingt à vingt-cinq mille) sur la citadelle, le château de la Favorite, qui la touche, et le faubourg de Saint-Georges, situé au débouché de la route de Legnano. Les deux ailes de l'armée française se montrent d'abord; Sahuguet menace la Favorite, Bon manœuvre en remontant le Mincio. Wurmser, indécis entre ces deux démonstrations, se persuade enfin que Bon est suivi de toute l'armée et que Sahuguet fait une fausse attaque. Il ordonne, en conséquence, à ses réserves de s'avancer contre la division Augereau; elle perd aussitôt du terrain. Cependant Masséna, qui se tient immobile entre ses deux collègues en avant de la Molinella, masqué par des canaux et des accidents du sol, envoie son avant-garde à Sahuguet. Celui-ci se met à peser fortement sur la gauche des impériaux. Le feld-maréchal croit alors que le combat est tout entier sur ses deux flancs, que toutes les troupes françaises sont aux prises et il ne cesse de dégarnir son centre au profit de ses ailes. Lorsque Bonaparte le juge suffisamment engagé, il lance Masséna, en colonne serrée, droit sur Saint-Georges; c'est le moment d'un choc furieux.

Outre l'affront de Cerea, la division veut se laver d'un échec sanglant qu'elle a reçu la veille; la 18e légère aborde impétueusement les Autrichiens du côté de la Favorite et éprouve une vive résistance; elle épuise ses munitions et apercevant un caisson ennemi, elle s'en empare, puis elle envoie joyeusement à ses adversaires leurs propres cartouches; une batterie l'incommode, elle y court, rencontre un large fossé, y jette quelques madriers, prend les canons et les tourne de l'autre côté. La terrible 18e de ligne, après avoir fait devant elle une large trouée, voit une masse de grenadiers hongrois près de tourner sa gauche; elle change de direction, lui enlève ses pièces, les tire sur elle et la brise. Un escadron de cuirassiers la charge à toute bride, elle le crible de feux et l'abat presque entier. La 32e, placée en réserve, pendant que les autres demi-brigades défilent dans Saint-Georges, est inopinément assaillie par une colonne formidable qui descend de la Favorite, elle l'arrête, lui interdit l'entrée du faubourg et la contraint de lui laisser le champ de bataille.

Cependant la division Augereau a repris vigoureusement l'offensive; un bataillon de la 29e légère tourne les troupes qu'elle pousse et contribue à faire prisonniers six cents cuirassiers, deux mille fantassins.

Sur tous les points, les impériaux sont rompus et dépostés; ils se réfugient dans Mantoue, avec une perte de trois mille prisonniers, onze canons, deux mille tués ou blessés. Bonaparte ne se pressa pas de les y bloquer. Cependant, lorsqu'il vit qu'ils se bornaient à des excursions dans le Seraglio, sans céder à la tentation de livrer une seconde bataille, il reconstitua le corps de siége et en fit deux divisions qu'il mit sous les ordres de Kilmaine. Ce dernier général, dans le commencement d'octobre, les avait encore une fois renfermés dans les remparts. Masséna se rendit à Bassano; Augereau à Vérone; Vaubois était resté paisiblement sur l'Avisio sans que Davidowich donnât signe de vie.

L'Italie était délivrée, mais, à ce moment, Moreau opérait la retraite que l'on a tant exaltée, et qui, considérée indépendamment des fautes qui l'avaient rendue nécessaire, est en effet un des beaux faits d'armes de l'histoire nationale. Elle se fit entre le Danube et les montagnes du Tyrol, avec une imperturbable fermeté; on ne fut sur aucun point entamé; on ne perdit pas un canon, on remporta une belle victoire, on battit, on prévint, on contint partout les impériaux. Mais l'armée de Sambre-et-Meuse était déjà rentrée dans le camp retranché de Dusseldorf et avait en partie repassé le Rhin; elle venait de perdre l'un de ses généraux les plus dignes de regrets et de mémoire, le jeune et intrépide Marceau. L'archiduc vainqueur remontant la rive gauche du Rhin, se rabattait sur Moreau et tout espoir était perdu de se maintenir en Allemagne. On pouvait donc prévoir que l'Autriche ferait de nouveaux sacrifices pour dégager Mantoue et le feld-maréchal.

X.

Les républiques italiennes.

La mobile Italie ressemblait à une mer battue par des vents contraires; la vague se portait, avec des rumeurs tumultueuses, tantôt d'un côté, tantôt du côté opposé. Si Wurmser descendait du Tyrol, les modernes gibelins, les affidés de l'Autriche, d'avance criaient victoire. Ils exagéraient ses forces, la valeur de ses grenadiers, sa vieille expérience de la guerre; ils cherchaient à exciter des mouvements insurrectionnels contre les Français; ils annonçaient à la fois leur expulsion et des vengeances contre les promoteurs de la révolution en Italie. Si les journées de Castiglione, de Roveredo, de Bassano, de Saint-Georges faisaient évanouir ces espérances, c'était au tour du parti de l'indépendance à relever son drapeau, à presser Bonaparte de lui donner une existence politique et des armes.

La question était complexe; le général en chef n'avait jamais reçu les renforts qu'il eût désirés et qu'on lui promettait; il arrivait souvent qu'en conséquence de l'état de conflagration du midi, de l'effervescence de Lyon et de la vallée du Rhône, de la malveillance jalouse des généraux de l'intérieur, les troupes dont le Directoire avait disposé en faveur de l'armée d'Italie étaient retenues au pied des Alpes, où l'oisiveté et la désertion les énervaient. Pour sortir de cette éternelle angoisse, Bonaparte songeait à une alliance offensive et défensive avec le Piémont, et offrait à la maison de Savoie de garantir l'intégrité de ses États; fidèle à sa vieille politique, elle exigeait plus, et, pour prix de son intervention armée, elle ne demandait rien moins que la cession de la Lombardie.

D'un autre côté, le pape avait cessé le payement de la contribution de guerre, en annonçant l'intention de renoncer à l'armistice; les négociations de Naples traînaient en longueur, et à Gênes, il y avait de nombreux griefs à régler. Les dernières défaites de Wurmser activèrent la conclusion de traités avec Naples et Gênes; le Directoire ratifia l'armistice de Parme, éluda, non sans dessein, de se prononcer sur celui de Modène, ajourna les affaires du Piémont et donna plein pouvoir au général en chef de renouer avec la cour de Rome.

Bonaparte avait à cœur, par ses ménagements pour le chef de l'Église, de rassurer les sentiments religieux des campagnes, de convaincre les populations rurales que l'abolition des priviléges féodaux, l'établissement de l'égalité civile n'étaient pas incompatibles avec le catholicisme. Son parti était pris, sans rompre avec Turin, de s'appuyer sur les passions qui agitaient les deux rives du Pô, et de leur donner l'appui que depuis longtemps elles attendaient des armes françaises.

On venait de célébrer avec enthousiasme, à Milan, l'anniversaire de la fondation de la république, et le vœu populaire, au sortir de ces fêtes, s'exprimait ainsi : « Puisse cette cinquième époque devenir la première de notre république lombarde et italique. » Les administrations milanaises s'occupèrent de le réaliser. Bonaparte les approuva, toutefois avec la réserve que lui imposaient les éventualités de la guerre et des futures négociations. Ses encouragements imprimèrent une allure plus énergique au gouvernement lombard qui, sur-le-champ, commença à organiser une légion italienne et polonaise, que l'on se proposa de porter à douze mille hommes.

Sur l'autre rive du Pô, Bonaparte fut plus hardi.

Le duc de Modène s'était enfui à Venise, et son petit État, limitrophe du Mantouan, était gouverné par une régence, animée contre la cause française de sentiments hostiles qui trouvaient de fréquentes occasions de se manifester. Les nécessités de la guerre autorisaient à désarmer un ennemi presque déclaré dont l'attitude pouvait entretenir la résistance de Mantoue. Un mouvement insurrectionnel ayant éclaté à Reggio, la régence en prit prétexte pour faire relever les fortifications de Modène; violation de l'armistice, autre prétexte que le général français ne manqua pas de saisir. Il marcha sur Modène, dispersa la régence et installa une municipalité provisoire; Bologne et Ferrare demandèrent à grands cris d'être détachés du patrimoine de Saint-Pierre, et de se constituer en république.

Alors Bonaparte convoque à Modène des députés des quatre villes et les invite à délibérer sur leur gouvernement futur. L'assemblée, composée de lettrés, d'avocats, de négociants, de propriétaires, plus heureuse que les législateurs français, dont les travaux avaient et étaient encore troublés par des pressions extérieures, fut protégée contre les mouvements tumultueux inséparables des révolutions, par la présence de Bonaparte, qui, sur la nouvelle que la plantation de l'arbre de la liberté, à Bologne, avait été l'occasion de scènes de violence, indiqua aux Italiens dans quelle mesure ils pouvaient compter sur son appui.

« Un peuple, dit-il, qui se livre à des excès est indigne de la liberté; un peuple libre est celui qui respecte les personnes et les propriétés. L'anarchie produit la guerre intestine et toutes les calamités publiques. Je suis l'ennemi des tyrans, mais, avant tout, l'ennemi juré des scélérats. Je ferai fusiller ceux qui, renversant l'ordre social, sont nés pour l'opprobre et le malheur du monde.

« Peuple de Bologne, voulez-vous que la république française vous protége? Voulez-vous que je me vante quelquefois de l'amitié que vous me témoignez? Réprimez le petit nombre de scélérats, faites que personne ne soit opprimé; quelles que soient ses opinions, nul ne peut être arrêté qu'en vertu de la loi; faites surtout que les propriétés soient respectées. »

L'assemblée de Modène décréta l'union du duché de ce nom, de Reggio, de Bologne et de Ferrare, et leur constitution, en une seule république qu'on appela la république cispadane; elle ordonna la levée de gardes nationales et la formation d'un corps de sept mille hommes. Enfin elle envoya une députation aux Milanais en leur donnant le nom que plus tard ils prirent de république transpadane.

Mais si, pour les mesures qui se rapportaient à

l'action, elle procéda avec une remarquable fermeté d'esprit, il n'en fut pas de même à l'égard des lois sous lesquelles la république naissante devait vivre. A défaut des leçons de la tradition et de l'expérience, on se guida, selon la méthode du temps, sur les œuvres philosophiques des publicistes français, et en particulier sur le *Contrat social* de J. J. Rousseau.

Cependant l'expédition préparée à Livourne rendit la Corse à la France. Depuis trois ans, les vains efforts de Paoli pour conquérir l'indépendance de sa patrie, l'avaient fait tomber au pouvoir des Anglais; George III en avait été proclamé roi, et il la gouvernait militairement en lui laissant l'ombre d'un parlement présidé par Paoli. Ce général, amèrement trompé dans ses espérances, ne put se résigner à un rôle subalterne; il donna sa démission; dès lors la Corse n'aspira plus qu'à redevenir française. Il suffit de quelques exilés, secondés par une poignée de soldats, pour exciter un soulèvement unanime, expulser les garnisons anglaises et incendier les bâtiments de guerre stationnant dans le port d'Ajaccio.

Cette précieuse conquête, faite à si peu de frais, ruina l'influence britannique dans la Méditerranée; elle affermit les conventions avec Naples et Gènes. Ces deux dernières puissances annulées, le Piémont alléché par l'espoir d'une alliance lucrative, on pouvait prendre médiocrement souci de l'attitude hostile de Rome, et Bonaparte était suffisamment assuré sur ses flancs et ses derrières pour braver les coups de l'Autriche.

Ils étaient imminents; Moreau avait repassé le Rhin, l'archiduc assiégeait le fort de Kehl et la tête de pont d'Huningue; rien n'indiquait que ces deux opérations dussent être troublées; le conseil aulique était libre de disposer de toutes ses ressources contre l'armée d'Italie.

XI.

Le premier secours d'Alvinzy. — Arcole.

La retraite de Moreau rendait disponible un corps de trois à quatre mille hommes, que la cour de Vienne avait placé en observation à l'extrémité sud du lac de Constance. Ce corps rejoignit Davidowich et porta ses forces à dix-huit mille hommes.

Autour de Quasdanowich qui, après la bataille de Bassano, s'était retiré dans le Frioul, se groupèrent les renforts que put fournir l'intérieur des provinces autrichiennes; il y eut de ce côté, vers le milieu d'octobre, environ trente mille hommes, avec un bon matériel et des équipages de pont.

Le feld-maréchal, baron d'Alvinzy, magnat

hongrois, septuagénaire comme ses devanciers, renommé à cause de ses connaissances théoriques, de ses guerres contre les Turcs et de ses campagnes en Flandre, fut appelé au commandement en chef des deux armées. Il se mit en personne à la tête de celle du Frioul, et, quoique l'infanterie fût peu exercée et la cavalerie médiocre, il s'ébranla au commencement de novembre.

Bonaparte, dans sa dépêche du 14 novembre, résuma toutes les pensées qui l'avaient assailli, au bruit des préparatifs de son nouvel adversaire. « Je vous dois compte, dit-il au Directoire, des opérations qui se sont passées depuis le 11 de ce mois. S'il n'est pas satisfaisant, vous n'en attribuerez pas la faute à l'armée. Son infériorité et l'épuisement où elle est des hommes les plus braves, me font tout craindre pour elle. Peut-être sommes-nous à la veille de perdre l'Italie. Aucun des secours attendus n'est arrivé; la 83e demi-brigade ne paraît pas; tous les secours venant des départements sont arrêtés à Lyon et surtout à Marseille. On croit qu'il est indifférent de les arrêter huit ou dix jours; on ne songe pas que les destinées de l'Italie et de l'Europe se décident ici pendant ce temps-là. Tout l'empire a été en mouvement et y est encore; l'activité de notre gouvernement, au commencement de la guerre, peut seule donner une idée de la manière dont on se conduit à Vienne. Il n'est pas de jour où il n'arrive cinq mille hommes; et, depuis deux mois qu'il est évident qu'il faut des secours ici, il n'est encore arrivé qu'un bataillon de la 40e, mauvaise troupe et non accoutumée au feu, tandis que nos vieilles milices de l'armée d'Italie languissent en repos dans la 8e division. Je fais mon devoir, l'armée fait le sien : mon âme est déchirée, mais ma conscience est en repos. Des secours! envoyez-moi des secours! mais il ne faut plus s'en faire un jeu; il faut, non de l'effectif, mais du présent sous les armes. Annoncez-vous six mille hommes, le ministre de la guerre annonce six mille hommes effectifs et trois mille hommes présents sous les armes; arrivés à Milan, ils sont réduits à quinze cents!

« Les blessés sont l'élite de l'armée; tous nos officiers supérieurs, tous nos généraux d'élite sont hors de combat; tout ce qui m'arrive ici est si inepte! et ils n'ont pas la confiance du soldat. L'armée d'Italie, réduite à une poignée de monde, est épuisée. Les héros de Lodi, de Millesimo, de Castiglione, de Bassano, sont morts pour leur patrie ou sont à l'hôpital. Il ne reste plus aux corps que leur réputation et leur orgueil. Joubert, Lannes, Lanusse, Victor, Murat, Charlot, Dupuis, Rampon, Pigeon, Ménard, Chabran, sont blessés; nous sommes abandonnés au fond de l'Italie. *La présomption de nos forces nous était utile; on publie à*

Paris, dans des discours officiels, que nous ne sommes que trente mille hommes.

« J'ai perdu dans cette guerre peu de monde, mais tous des hommes d'élite, qu'il est impossible de remplacer. Ce qui me reste de braves voit la mort infaillible, au milieu de chances continuelles et avec des forces si inférieures; peut-être l'heure du brave Augereau, de l'intrépide Masséna, de Berthier est près de sonner. Alors! alors! que deviendront ces braves gens? Cette idée me rend réservé; je n'ose plus affronter la mort, qui serait un sujet de découragement et de malheur pour qui est l'objet de mes sollicitudes.

« Sous peu de jours nous essayerons un dernier effort; si la fortune nous sourit, Mantoue sera pris et avec lui l'Italie. Renforcé par mon armée de siége, il n'est rien que je ne puisse tenter. Si j'avais reçu la 83e, forte de trois mille cinq cents hommes connus de l'armée, j'eusse répondu de tout. Peut-être sous peu de jours ne sera-ce pas assez de quarante mille hommes. »

Bonaparte, tout en reprochant avec raison au Directoire son impuissance et son apathie et en rejetant sur lui la responsabilité des événements, exagérait vraisemblablement ses inquiétudes. Aux premiers coups de feu, l'infériorité de ses forces n'était pas plus effrayante que par le passé; il avait trente-huit mille hommes sous les armes et la victoire lui était encore réservée, mais au prix de sacrifices et d'efforts, qu'on se fût épargnés s'il avait été secondé par un gouvernement plus énergique.

Ses plaintes à propos des renforts qu'il avait tant de fois vainement réclamés, étaient d'autant plus sincères que son dessein était de prendre l'initiative et de terminer d'un seul coup la guerre, par une de ces combinaisons puissantes qui, depuis, lui ont si souvent réussi.

Il voulait enfoncer Alvinzy sur les bords de la Brenta, et, par un mouvement inverse de celui qui l'avait récemment amené sur les derrières de Wurmser, remonter la vallée qu'il avait alors descendue, envelopper Davidowich et l'enlever dans les gorges du Tyrol.

La faiblesse numérique de Vaubois, la sienne propre firent échouer ce plan décisif, et l'obligèrent à d'autres dispositions qui, au reste, l'élevèrent au comble de la gloire.

Vaubois fut le premier aux prises; à l'aspect des masses ennemies, il résolut de les arrêter par un coup vigoureux. Il débouche de ses lignes, remonte le cours de l'Adige et brûle le pont de Saint-Michel, tandis qu'à sa droite Fiorella balaye la haute vallée de l'Avisio. Mais Davidowich relève la charge, si nombreux qu'il regagne le terrain perdu et prend l'ascendant d'une manière irrésistible; il faut reculer, faut évacuer Trente, il faut se blottir dans le défilé de Caliano, si vaillamment enlevé naguère par Bonaparte.

Cette retraite précipitée, compliquée encore par des succès de l'ennemi sur la rive droite de l'Adige, ne se fit pas sans pertes. L'ordre du général fut mal expédié; le 1er bataillon et une compagnie de grenadiers de la 39e n'en eurent pas avis. Le bataillon surpris, entouré, rendit en partie les armes; les grenadiers, ayant rallié un bataillon de la 35e, également oublié, hésitèrent un moment sur le parti à prendre. « Point de délibération, s'écrie le capitaine, depuis général Maucune, il faut se faire jour. » On l'applaudit, on part, on s'ouvre un chemin sanglant au travers des colonnes ennemies, on arrive près de l'entrée du défilé, où l'on est toutefois séparé du corps français par la nuée profonde qui fond sur lui; un nouvel élan triomphe de l'obstacle, on charge, on rompt les assaillants, et la petite troupe, exaltée par sa victoire, apporte un surcroît de force à la défense.

Elle fut intrépide; pendant toute une journée les impériaux se brisèrent contre cette formidable position; ils recommencèrent le combat à la pointe du jour; loin de faire des progrès, ils rétrogradèrent et se laissèrent expulser de Caliano, base de leur attaque. Ils se mettaient en fuite quand, à la gauche des Français, le bruit se répandit dans les rangs de la 85e, que les hulans avaient passé l'Adige au-dessous du défilé ; on croit la retraite coupée, on est saisi d'une terreur panique, on se débande; la 39e, jusque-là victorieuse, se trouvant à découvert, suspend son mouvement et se replie en bon ordre. Les impériaux rassurés se rallient et engagent une lutte plus acharnée, plus meurtrière que les autres scènes de ce long assaut. Vaubois n'espère plus le soutenir sans de graves périls; il abandonne le défilé et ne s'arrête qu'autour de Rivoli.

Tandis que le Tyrol était le théâtre de ces événements, les divisions Augereau et Masséna livrèrent (6 novembre) un rude combat au corps d'Alvinzy sur la rive de la Brenta ; les impériaux reculèrent, et peu s'en fallut qu'on ne leur prît Bassano. Mais l'engagement ne fut pas assez sérieux ni ses résultats assez décisifs pour que Bonaparte s'en prévalût et persistât dans l'exécution de son projet, quoique la retraite de la division du Tyrol l'eût favorisée en attirant Davidowich vers le bas Adige. Il y avait dans la rapidité de Vaubois à céder ses positions, il y avait dans la persistance de son adversaire à les attaquer, des indices d'une grande inégalité numérique. Ce n'était pas le moment de rien donner au hasard; on renonça aux manœuvres sur la Brenta, on se rapprocha de l'Adige; au système agressif on substitua sur-le-champ une double défensive.

Le plus pressé était de raffermir Vaubois. Bonaparte court à Rivoli, rassemble la division, et faisant allusion à l'échauffourée qui venait d'occasionner la perte de Caliano, il lui adresse ces paroles sévères :

« Soldats! je ne suis pas content de vous ; vous n'avez montré ni discipline, ni constance, ni bravoure : aucune position n'a pu vous rallier. Vous vous êtes abandonnés à une terreur panique; vous vous êtes laissé chasser de positions où une poignée de braves devait arrêter une armée. Soldats de la 39e et de la 85e, vous n'êtes pas des soldats français. Général chef d'état-major, faites écrire sur leurs drapeaux : *Ils ne font plus partie de l'armée d'Italie.* »

A cette réprimande, les soldats font entendre leurs réclamations; ils demandent d'être conduits à l'ennemi, d'être placés à l'avant-garde; ils jurent de mourir ou de vaincre; leur exaltation, la présence de Masséna, qui se charge d'indiquer les meilleures positions de ce terrain qui lui est connu, ont assuré de ce côté la défense; reste à contenir, à repousser Alvinzy.

Le feld-maréchal marchait en hésitant, son lieutenant ne s'avançait pas avec moins de circonspection : animés l'un et l'autre du désir d'opérer leur jonction, ils tâtonnaient et laissaient le temps s'écouler. Tel est l'effet d'une renommée imposante ; l'œil ouvert sur tous les points de l'horizon, les généraux ennemis redoutaient toujours quelque coup imprévu ; toujours sur le qui-vive, ils ne croyaient jamais avoir pris assez de précautions contre les atteintes soudaines de Bonaparte. Par où va-t-il apparaître ? d'où doit venir aujourd'hui la foudre ? Cette préoccupation perpétuelle donnait à l'heureux général français de nouvelles chances de victoire.

Quatre jours après le dernier combat de Caliano, Davidowich n'avait pas encore attaqué ; cinq jours après le combat sur la Brenta (ou de Fonteniva), Alvinzy, jugeant à la disposition des colonnes opposées que Vérone allait être évacuée, poussa jusqu'aux glacis du faubourg une reconnaissance qui attira en plaine les divisions Masséna et Augereau. Elles se déployèrent en faisant le coup de feu, et refoulèrent les impériaux au delà du torrent de Mezzano, qui descend des montagnes et coupe à angle droit la chaussée, à dix kilomètres de la place. La nuit survint et empêcha Augereau de s'emparer d'un pont de pierre en avant de la colline de Caldiero. Alvinzy, convaincu de l'impossibilité de se lier avec Davidowich, à moins de livrer une bataille, en fit aussitôt les apprêts ; elle ne s'engagea pas à fond.

Bataille de Caldiero (12 *novembre*). — Les impériaux occupaient le mont Caldiero, qui barre la grande route, entre le village de ce nom et celui de Colognola; leur front, d'un développement de trois kilomètres, était couvert de batteries épaulées, et leurs réserves, au besoin, se disposaient à soutenir la position. Masséna à gauche, Augereau à droite, montèrent à l'assaut, d'abord avec des progrès rapides, mais leurs mouvements, déjà contrariés par une pluie battante que le vent du nord transforma en grésil et qui leur fouetta le visage, furent contenus par des renforts; ils regagnèrent tous deux leurs positions premières. La pluie, la neige ne cessèrent pas de détremper le sol. Le général en chef ne crut pas pouvoir renouveler l'attaque avec le succès qu'il voulait obtenir d'une bataille, il ramena les troupes dans Vérone. Alvinzy poussa ses avant-postes jusqu'à Saint-Michel, village situé sur un pli de l'Adige, à deux kilomètres des glacis.

Tout semblait perdu. Vaubois réduit à huit mille hommes s'attendait à une attaque formidable et au feld-maréchal victorieux on n'opposait plus que quinze à seize mille combattants. Enfin, la division de siége, forte de huit à neuf mille hommes avait peine à contenir la garnison de Mantoue. Les partisans de l'Autriche triomphaient et croyaient toucher à l'heure où les Français allaient expier tant de victoires. Dans ce moment solennel, l'armée redoubla de courage, son chef redoubla de génie.

On n'a pas pu enlever de front ni tourner par la droite les hauteurs de Caldiero ; il va les tourner par la gauche. Les impériaux sont flanqués de ce côté par un vaste marais qui s'étend entre l'Alpone, l'Adige et les montagnes ; mais plusieurs digues traversent le marais. Les plus remarquables dans leur rapport avec le plan de Bonaparte sont : 1° celle qui, à partir du confluent de l'Alpone, suit à peu près les contours de l'Adige jusqu'à Belfiore di Porcile à l'entrée de la plaine ; 2° celle qui part du bac de Ronco, passe, à un kilomètre du rivage, par la Zerpa, où elle se croise avec la précédente, se rapproche de l'Alpone, le côtoie, aboutit au pont d'Arcole, traverse ce village et conduit à Villanova sur la chaussée de Vicence. Cette dernière est liée à l'autre, au moyen d'un prolongement de deux kilomètres le long de l'Alpone.

Il résulte de cette disposition des localités que la Zerpa est un triple point de départ : à gauche pour Porcile, au centre pour Arcole, à droite pour le confluent de l'Alpone.

Bonaparte fait jeter à Ronco, village de la rive droite, un pont de bateaux qui aboutit sur l'autre rive au débarcadère du bac. Pendant que cette construction s'opère, l'armée reste immobile à Vérone et passe dans une anxiété extrême deux longues journées. Enfin, au soir, le tambour bat, on prend les armes, et, à la grande surprise des habitants et de la troupe, l'ordre est donné de sortir par la porte de Milan. Aussi longtemps que l'on défile dans les rues de Vérone l'armée est saisie d'une émotion douloureuse. On fait donc retraite ! on abandonne donc l'Adige, on livre donc aux généraux victorieux, le Mantouan, le Milanais, l'Italie ! Mais à peine la porte franchie, ces cruelles réflexions font place à l'espérance ; la tête de colonne tourne à gauche et l'on descend en silence les bords du fleuve jusqu'à Ronco ; on voit le pont, le plan de Bonaparte se dévoile, la confiance renaît dans tous les cœurs.

Alvinzy est en position sur la hauteur de Caldiero ; ses parcs, ses équipages, ses réserves à Villanova, à la rive gauche de l'Alpone ; ses avant-postes aux glacis de Vérone. S'il marche sur la place où Kilmaine est resté avec cinq mille hommes, on s'attache à ses pas, on le prend en queue, on l'accule aux remparts ; s'il revient sur ses réserves, il les trouve enlevées, sa retraite est coupée, on l'enferme entre l'Alpone et le fleuve ; enfin, si le combat s'engage dans les marais, l'espace manque pour se déployer, les têtes de colonnes seules peuvent se heurter, la valeur doit l'emporter sur le nombre.

Bataille d'Arcole (15, 16, 17 *novembre*). — L'armée, frappée de cette admirable combinaison, franchit avec ardeur le pont de Ronco ; Augereau, passant le premier, prend à la Zerpa la digue qui mène directement à Arcole ; ses trois demi-brigades sont conduites par trois des plus braves généraux, Bon, Verdier et Lannes, car il s'agit de payer d'exemple ; les soldats contemplent avec attendrissement le dernier, convalescent encore et pâle de ses blessures. C'est Augereau, qui, en poussant jusqu'à Villanova, doit porter le coup décisif, et il faut préalablement, qu'à l'extrémité de la digue, il tourne à droite et traverse le pont, puis le village d'Arcole.

Ce petit pont en bois long de trente pieds, ce petit village, jusque-là bien ignorés et dont le nom est impérissable, furent l'occasion d'un combat de géants. La bataille dura trois jours, mémorable par l'intrépidité que des deux parts on déploya et par le dévouement des officiers français qui, au prix de flots de leur sang, maîtrisèrent enfin la fortune.

Les demi-brigades d'Augereau, en serpentant, disparaissaient derrière les saules dont le revers des digues est planté, quand Masséna arrive à la Zerpa, tourne à gauche et s'arrête sur la digue de Porcile ; ses vedettes aperçoivent Vérone et peuvent surveiller les mouvements du feld-maréchal.

A ce moment une violente fusillade éclate sur la droite ; un régiment croate a barricadé le pont, crénelé les maisons d'Arcole, et lorsque Augereau fait sa conversion à droite pour emporter d'emblée le pont, il est couvert d'un feu qui l'arrête. Les Croates, tiennent des Orientaux, dont la ténacité derrière des murailles, passe toute expression; habitués d'ailleurs dès l'enfance à manier les armes, ils tirent avec une rare justesse. Placés comme ils l'étaient, ils frappaient à coup sûr, presque à bout portant et ils visaient aux grosses épaulettes. Les premières décharges mirent hors de combat Bon et nombre d'officiers.

Augereau alors tente de manœuvrer pour envelopper le village; plusieurs compagnies se jettent dans l'Alpone, abordent l'autre rive et incendient quelques maisons. Vaine diversion! Lannes qui bientôt reçoit trois nouvelles blessures, a beau s'avancer hardiment par la digue, la troupe ne peut être enlevée; elle se blottit sur le revers à gauche et se borne à rendre aux Croates balles pour balles.

Deux nouveaux bataillons surviennent, le général Verne les entraîne jusqu'à la tête du pont; mais il reçoit une blessure mortelle et les soldats sont ramenés. Augereau se lance au-devant d'eux, il saisit un drapeau, l'agite et fait appel aux braves; son exemple, son sang-froid, celui de son état-major à s'exposer sur la digue au feu qui redouble, raniment les courages, on le suit à peu de distance du terrible pont; là on l'abandonne pour se replacer derrière le terrassement et tirailler à couvert.

Cependant Alvinzy cherchait à s'expliquer qui pouvait l'attaquer dans ces marais réputés inaccessibles, quand des reconnaissances l'informèrent que les Français paraissaient à Porcile et menaçaient Arcole. Dès lors, il mesura le péril et se mit en devoir de repasser l'Alpone, pendant que les divisions Provera à droite, Mitrowski à gauche, pour masquer sa retraite, se portèrent au-devant des colonnes d'attaque. En voyant les masses qui débouchaient sur eux, Masséna, Augereau laissèrent les généraux autrichiens s'engager sur les digues, après quoi, ils les chargèrent avec fureur, les culbutèrent, couvrirent le marais de cadavres et firent une multitude de prisonniers.

Bonaparte pensa à profiter de l'élan et donna l'ordre de tenter sur Arcole un nouvel effort qui fut repoussé. Il s'élance alors un drapeau à la main et, mettant pied à terre, il le plante sur le pont en s'écriant : « Soldats! n'êtes-vous plus les vainqueurs de Lodi! » Ces paroles eussent produit l'effet habituel si le feu, si habilement nourri par les Croates, n'eût point, à ce moment, tué à côté du général en chef son aide de camp Muiron, qui lui faisait un rempart de son corps, et blessé grièvement autour de lui les généraux Verdier, Vignolles et Belliard. Les soldats de nouveau se précipitèrent sur le revers de la digue, et Bonaparte lui-même entraîné par les fuyards, fut précipité dans le marais où, sans l'empressement à le sauver de son frère Louis, de ses aides de camp Junot et Marmont, il eût risqué d'être englouti. Jamais instant ne fut plus périlleux; les impériaux débouchant du pont, déjà le débordaient et allaient l'entourer; un cri s'éleva des rangs : « Sauvons notre général! » et un élan désespéré le dégagea.

Ce n'était pas la dernière scène de la journée; les impériaux se renforçaient d'heure en heure; ils rejetèrent sur la rive droite les compagnies qui tiraillaient de l'autre côté de l'Alpone, et ils firent sur la digue encore une sortie qui fut vivement repoussée par le canon et la mousqueterie.

Sur ces entrefaites, Guieu ayant passé l'Adige, au bac d'Albaredo, à la tête de deux demi-brigades, remonta la rive gauche de l'Alpone, prit à revers le village d'Arcole et l'enleva avec intrépidité. La nuit de toute part mit fin au combat. Napoléon, dans ses Mémoires, en apprécie de la manière suivante les résultats : « A ce moment, dit-il, Alvinzy était en sûreté sur la rive droite du ruisseau; Arcole avait perdu son importance; l'armée impériale échappa à sa destruction; mais Caldiero était évacué, Vérone délivrée, deux divisions défaites, de nombreuses colonnes de prisonniers, un grand nombre de trophées défilèrent au milieu du camp et remplirent d'enthousiasme les soldats et les officiers. »

La question était de savoir si le lendemain on pourrait encore attaquer Alvinzy ou s'il ne faudrait pas courir à Davidowich; dans le doute, l'armée revint bivouaquer à Ronco. Vaubois ayant envoyé à Vérone une de ses brigades, avait évacué le Monte-baldo, laissé Joubert sur le plateau de Rivoli, et fait halte à Bussolongo, au bord de l'Adige, entre son lieutenant et Kilmaine, à neuf kilomètres de l'un et de l'autre.

Le lendemain, sur la nouvelle qu'il conservait sa position, on passa de nouveau le fleuve. Les impériaux attaquèrent : Provera à leur droite, Mitrowski à gauche, tous deux renforcés, marchèrent concentriquement sur la Zerpa, doubles en nombre des divisions françaises. Le premier se heurte contre l'indomptable Masséna et refoule sa tête de colonne; un feu de flanc partant d'un îlot de terre ferme au milieu du marais, où des grenadiers se sont glissés, l'arrête, et des deux parts on se fusille sans bouger. Le général Gardanne, impatient de cette immobilité, met son chapeau sur la pointe de son sabre, et s'écrie : en avant! La troupe le suit tête baissée; deux pièces chargées à mitraille barrent la digue; Gardanne épie le moment où les artilleurs approchent de la lumière la lance de feu, il fait mettre ses soldats ventre à terre, une pluie de projectiles passe au-dessus de leurs épaules; ils se relèvent, bondissent sur les canons et les prennent. Les impériaux s'enfuient, se culbutent ; on les charge à la baïonnette, on les précipite dans la vase, on déblaye la digue, on poursuit les vaincus jusqu'à Caldiero.

D'un autre côté Mitrowski, Augereau se repoussent tour à tour sans pouvoir empiéter l'un sur l'autre ; tous deux se tiennent enfin sur la défensive. Alors Bonaparte jette deux cents hommes dans un bateau, leur fait descendre l'Adige et leur commande de débarquer dans Albaredo, à l'effet d'établir un pont sur l'Alpone, à son confluent. Il y a, sur la rive gauche de ce ruisseau, une digue parallèle à celle sur laquelle on luttait depuis la veille avec tant d'opiniâtreté. Mitrowski l'avait garnie de tirailleurs soutenus par du canon ; leur feu mit obstacle au débarquement projeté. On tenta de les débusquer. Vial déploie contre eux une demi-brigade, et l'on se fusille d'une digue à l'autre sans résultat ; le temps s'écoule, on ne peut commencer l'établissement du pont ; Vial, irrité, se lance dans l'Alpone jusqu'au cou, et, suivi de quelques hommes résolus, il met pied à terre, mais il n'est pas secondé, et ce trait d'audace ne produisant aucune diversion, il rejoint sa troupe, qui continue le combat de mousqueterie.

Le soir on revint à Ronco. A la pointe du jour on sut que Davidowich hésitait à attaquer Joubert ; on retourna donc pour la troisième fois sur le champ de bataille si habilement choisi. Mais la scène était changée; pendant la nuit, le chef de brigade Chasseloup-Laubat avait enfin jeté le pont qui devait étendre les opérations sur l'autre rive de l'Alpone, et les mesures étaient prises pour envelopper Arcole par toutes les issues.

A dix heures du matin on fut en présence, Masséna à gauche, Robert au centre, Augereau à droite. Le centre fléchit, et Robert ayant été grièvement blessé, sa colonne fut poursuivie jusqu'à l'Adige par trois mille Croates qui s'avançaient en bon ordre. Le moment était critique; quelques pas encore, cette masse pouvait saisir Ronco et disloquer l'armée; cependant à droite Augereau, après s'être emparé d'Albaredo venait d'être ramené.

Bonaparte pourvut à tout : il renforce Augereau; il a déjà retiré de sa gauche et a sous la main sa brave 32e; il la met en embuscade dans un bosquet de saules, entre le pont et la Zerpa; il ordonne à Masséna d'accourir sur ce dernier point avec la 18e. Sans s'émouvoir, la 32e laisse les Croates défiler devant son front; lorsqu'ils sont tout entiers sur la pointe de ses baïonnettes, elle se montre brusquement, les charge par le flanc et les culbute dans le marais; en même temps Masséna tombe sur leurs derrières, ils sont presque anéantis; à peine quelques hommes rejoignent-ils Arcole. Gardanne les poursuit, tandis que Masséna reconduit la 18e à Porcile, où elle suffit pour annuler Provera.

Sur l'autre rive de l'Alpone Augereau, rentré dans Albaredo, en sort par la digue qui mène à Arcole et prend l'ascendant, mais avec une grande lenteur; car les impériaux sont flanqués à gauche par un marais qui s'étend jusqu'à l'Adige. Néanmoins, chargés par deux bataillons qui sont parvenus à trouver un sol assez ferme pour y manœuvrer, ils commencent à rétrograder plus rapidement; soudain ils entendent sonner la charge sur leurs derrières. Ce sont les trompettes de vingt-cinq guides qui se glissent à travers les roseaux; ce bruit les étonne; ils en sont ébranlés; Augereau redouble d'efforts, quand huit cents hommes, que Bonaparte a fait filer par Legnago avec quatre pièces de canon, apparaissent dans la plaine. Ils fuient alors, ils abandonnent la digue; Augereau et Gardanne attaquent simultanément Arcole, qui est enfin enlevé.

La victoire n'est plus indécise; Masséna poursuit les impériaux; ils ne s'arrêtent qu'à la chaussée de Vicence. Dans la matinée suivante, tandis que la cavalerie s'élançait sur leurs pas, Bonaparte rentra dans Vérone. Prestige du génie! la population entière l'accueillit avec des acclamations d'admiration et de joie; sans perdre de temps il fit remonter par ses infatigables lieutenants les rives de l'Adige, pour enlever Davidowich.

Celui-ci, sur les instances du feld-maréchal, avait enfin abordé la position de Rivoli (17 novembre). Rudement contenu par Joubert, il aurait échoué si ce même général Valette, qui avait naguère malencontreusement abandonné Castiglione, et qui couvrait la gauche du plateau, n'eût pas fait une suite de faux mouvements, d'où résulta forcément la déroute des Français et la perte du champ de bataille. Mais le général ennemi n'eut qu'une joie de courte durée; à l'approche de Bonaparte il se retira précipitamment dans le Tyrol, abandonnant un grand nombre de prisonniers.

Wurmser, qui s'était tenu immobile pendant la longue bataille d'Arcole, tenta, lorsqu'elle fut terminée, une sortie que Kilmaine, de retour à son poste, repoussa victorieusement. Ainsi l'expédition d'Alvinzy eut sur tous les points une issue désastreuse. L'état matériel et moral, l'affaiblissement de son armée le contraignirent d'attendre, pour entrer en action, un autre ordre d'événements.

XII.

Le second secours d'Alvinzy. — Rivoli.

Dans les courts intervalles de liberté que lui laissait la guerre, Bonaparte apprenait à gouverner. Le palais Serbelloni, à Milan, son séjour habituel, dont la future impératrice, la bonne et gracieuse Joséphine Beauharnais faisait les honneurs, était le rendez-vous de l'élite de l'Italie. Ses victoires et l'incapacité du Directoire lui avaient donné l'autorité d'un monarque. Il étudiait cette nation, une par son beau langage, par ses arts, par ses mœurs, par son génie, et que la complication des affaires européennes depuis le commencement du moyen âge a sevrée de l'unité politique. Il étudiait aussi le jeu des institutions nées des théories françaises du XVIIIe siècle.

Ces temps heureux de sa jeunesse lui laissèrent des impressions ineffaçables; le dégoût de l'abstraction, de l'idéologie fut l'un des mobiles de sa conduite comme souverain, et la reconstruction de l'Italie, l'un des plans qu'il a poursuivis jusqu'à Sainte-Hélène, lorsque captif et mourant, par la dictée de ses Mémoires, il agissait encore sur l'avenir. Il crut jusqu'au dernier jour en ce peuple qui a produit tant d'hommes éminents dans les arts, dans les sciences, dans les lettres, et sa foi, à l'époque où il combattait près du berceau de Virgile, fut assez vive pour lui inspirer la hardiesse, à lui simple général d'une armée toujours en péril, de toucher à la carte de l'Europe et de transformer en républiques d'antiques principautés.

L'Autriche en tira parti pour entraver les négociations avec le pape et tenter de faire entrer dans une ligue gibeline Venise, Florence, Naples et Turin. Lors de la défaite d'Alvinzy, l'archiduc Charles assiégeait encore Kehl et la tête de pont d'Huningue; ses opérations n'étaient pas contrariées par les armées françaises, dont l'inaction, causée surtout par des embarras administratifs, accuse gravement le Directoire. Le conseil aulique pouvait donc nourrir l'espérance de faire lever le siége de Mantoue. Il tira des recrues de la Hongrie, de la Croatie; il excita l'enthousiasme dans les provinces héréditaires. Un bataillon de volontaires fut levé à Vienne et reçut un drapeau brodé des mains de l'impératrice. En Italie le pape mit sur pied une armée; les autres gouvernements, sauf celui de Florence, hésitèrent et attendirent de quel côté se tournerait la fortune.

Bonaparte se rendit à Bologne, y signa un traité avec le grand-duc de Toscane et forma une colonne mobile d'environ quatre mille hommes, en grande partie Italiens; il chargea Lannes de la commander. Avec un pareil général, c'était une force suffisante pour paralyser les troupes du saint-père. Il veillait encore à son organisation lorsqu'il apprit que les impériaux se montraient sur l'Adige.

L'armée avait enfin reçu quelques renforts; elle se composait de cinq divisions (quarante-cinq mille). Autour de Mantoue : Sérurier, généraux de brigade Rampon, Monnier, Brune, Leclerc; à droite, à Ronco et Legnago : Augereau, généraux de brigade Verdier, Point, Guieu, Bon, Walther; à gauche, sur le Montebaldo et à Rivoli : Joubert, récemment promu au grade dont il s'était depuis longtemps montré digne, généraux de brigade Leblay et Vial; enfin, en réserve, à Dezenzano et Salo : Rey, généraux de brigade Guillaume, Baraguay d'Hilliers et Murat.

La droite, le centre, la gauche furent assaillis simultanément. En pareille conjoncture, les Alvinzy, les Provera, les Davidowich sont indécis, temporisent, manquent l'occasion et se font battre. Bonaparte, à des indices qu'il savait reconnaître, vit que le mouvement sur Vérone n'était pas sérieux et masquait la principale attaque. L'incertitude se réduisait donc à deux points : Legnago ou le Montebaldo. En attendant qu'elle fût levée, il appela Masséna en deçà de l'Adige, prêt à en disposer au besoin en faveur d'Augereau ou de Joubert. Rey se rapprocha de Rivoli; une de ses brigades, sous Murat, traversa le lac pour se transporter au Montebaldo; Lannes ramena deux mille hommes de la Cispadane; enfin, la défense de Vérone fut confiée à une demi-brigade d'infanterie et un régiment de cavalerie.

Les événements du lendemain justifièrent ces prévisions. Augereau soutint une fusillade insignifiante; mais Joubert fut abordé par des forces considérables qui tournèrent le Montebaldo, et l'obligèrent ainsi, malgré leur peu de succès sur son front, à replier ses avant-postes et à se concentrer sur le plateau de Rivoli. Dès lors, il n'y avait plus de doutes; le plan des impériaux se dévoilait, le bas Adige était seulement le théâtre d'une manœuvre secondaire; Provera en était chargé à la tête de quinze à vingt mille hommes. L'opération capitale était confiée à Alvinzy, qui descendait du Tyrol à la tête de trente à quarante mille hommes, pour balayer Joubert et tenir en échec toute l'armée française, tandis que son lieutenant, perçant dans Mantoue, dégagerait Wurmser pour passer avec lui dans les légations, rallier l'armée du saint-père et reporter la guerre sur la rive droite du Pô.

Bonaparte donne à Augereau le soin de surveiller Provera; il met à sa disposition Lannes, la réserve de Masséna, celle de Sérurier; il lui prescrit de gagner du temps et d'éviter un engagement général. Puis, à l'entrée de la nuit, il part, entraînant à sa suite le reste de la division Masséna, pour renforcer Joubert à Rivoli. Rey est appelé sur le même point. La 18e se détache sur Garde pour clore les débouchés du Montebaldo.

Bataille de Rivoli (*14 et* 15 *janvier* 1797). — Le théâtre de la dernière grande bataille de la grande campagne d'Italie, de cette bataille dont le nom populaire se perpétue dans la mémoire des citoyens de Paris par le nom de la rue splendide qui longe les Tuileries, le Louvre et aboutit à l'Hôtel de ville, est compris entre le lac de Garde et l'Adige.

Le lac est côtoyé par le Montebaldo, le fleuve par le Montemagone. A huit lieues au nord de Vérone, ces deux chaînes escarpées sont réunies par une troisième montagne qui coupe obliquement le massif comme une muraille; c'est la position de la Corona. Le versant intérieur de ces monts s'affaisse en amphithéâtre et est sillonné par le Tasso qui part du Montemagone, reçoit les eaux de plusieurs torrents, se rapproche en demi-cercle du Montebaldo et rebrousse enfin à l'est pour se jeter dans l'Adige. A mesure que les contours du Tasso s'arrondissent, en tirant vers l'ouest, le Montemagone se déprime et s'épanouit en un plateau d'une demi-lieue de diamètre où s'élève le bourg de Rivoli.

Les montagnes, la vallée du Tasso sont impraticables pour l'artillerie et la cavalerie. Deux routes, à l'usage des piétons, longent, l'une la crête, l'autre, du côté de l'Adige, le revers à pic du Montemagone. Ce dernier chemin, n'ayant plus d'issue sur le bord du fleuve, monte jusqu'à Rivoli par une rampe très-roide, et se réunit au premier; à partir de leur jonction, la communication est voiturable. Sur l'autre rive de l'Adige, descend la grande route de Trente à Vérone, par laquelle on peut amener au pied du plateau des canons et de la cavalerie.

Alvinzy, encouragé par son succès de la veille, n'aspirait à rien moins qu'à enlever la division Joubert; vingt mille fantassins se déployaient de la crête du Montemagone au Tasso : l'aile gauche pour descendre, la droite et la gauche pour monter sur le plateau.

Une colonne entassée dans le bas de l'Adige, sous Quasdanowich, attendait leur arrivée au pied de la rampe pour la gravir et leur amener de la cavalerie et de l'artillerie. Une autre colonne, commandée par Wukassowich, sur les hauteurs de l'autre rive, s'apprêtait d'abord à cribler de boulets les flancs de la division française, puis à développer un équipage de pont, à passer le fleuve et à prendre une part directe à l'action. Enfin, une troisième colonne de quatre mille hommes, commandée par Lusignan, circulait le long du Tasso et devait se déployer sur des collines qui barrent la chaussée de Rivoli à Vérone.

Le danger immédiat était à l'issue de la rampe; des retranchements la défendaient, mais ils cessaient d'être tenables si l'ennemi, descendant du Montemagone, pouvait y pénétrer à revers.

Lorsque Bonaparte, vers deux heures du matin, devançant la troupe qui le suivait à grands pas, rejoignit la division Joubert, elle était pelotonnée autour de Rivoli; elle avait évacué successivement la Corona, le Montebaldo, puis, sur le Montemagone, les buttes de la chapelle San Marco qui en masquent le débouché, puis, dans la vallée du Tasso, le village et les collines de San Martino, qui, du côté de l'ouest, flanquent les approches de San Marco. Les avant-postes ennemis couronnaient déjà les crêtes du plateau, et les impériaux n'attendaient que le jour pour continuer leurs progrès.

La nuit était belle, la lune éclairait les deux camps, et, de toutes parts, on embrassait les feux de leurs bivouacs, sur les flancs des montagnes alors couvertes de neige, ou au fond des vallées. Bonaparte, d'un coup d'œil, mesure leurs forces et pénètre leurs projets. Il comprend la triple attaque que médite Alvinzy; il ne doute pas de vaincre tour à tour ses colonnes que séparent de notables distances et des obstacles sérieux; aussitôt sa résolution est prise, ses dispositions sont arrêtées.

A trois heures du matin, la division se met sous les armes pour foncer sur les vingt mille fantassins qui forment le centre d'Alvinzy; elle est plus faible de moitié, mais elle a ce qui manque à ses adversaires : du canon et de la cavalerie. Les renforts, d'ailleurs, ne sont pas loin. Les rangs se forment et l'on se dit avec joie : le général en chef est là!

asséna accourt avec l'élite des siens, la 32e, la 18e! Une demi-brigade de ligne se porte dans le retranchement; Vial à droite, Leblay à gauche s'élancent; la cavalerie reste en réserve; la 18e est rappelée des bords du lac.

Bonaparte donne l'ordre de reprendre immédiatement la chapelle San Marco; deux heures avant le jour, le feu s'ouvre sur ce point capital et engage la bataille. L'entrain de la troupe est inexprimable; elle se trouve en un instant pêle-mêle avec l'ennemi. Le capitaine Dumareix, à la tête d'un peloton, se heurte contre une roche d'où part une fusillade violente; il l'escalade et s'en rend maître; le capitaine Kader, emporté par son ardeur, est entouré et fait prisonnier; il attaque son escorte, la disperse et rejoint sa compagnie; le lieutenant Héraut arrive inopinément en présence de douze Croates; il désarme le plus hardi et fait le reste prisonnier; le tambour-major Impériale charge avec sa grande canne, aux éclats de rire de ses camarades.

On ne tient pas contre une telle audace; la chapelle San Marco est reprise. A la pointe du jour, Joubert débouche de cette position; il fait des progrès rapides sur la crête de la montagne; le reste de la division se porte aussi en avant. Le centre, renforcé par la 14e, s'empare des hauteurs de San Martino; enfin, un bataillon de cette vaillante demi-brigade s'établit dans San Martino même.

On avait, jusque-là, profité de la première surprise; mais, en se déployant, la division amincissait des lignes déjà trop minces et donnait prise à des ennemis doubles en nombre. Pour ceux-ci, d'ailleurs, abandonner San Martino, San Marco, c'était renoncer à la jonction des diverses colonnes impériales, c'était s'avouer vaincus. Ils se ranimèrent et revinrent à la charge sur tous les points. La gauche de Leblay d'abord fléchit; puis la 14e perd San Martino; puis Joubert, découvert sur son flanc gauche, est obligé de reculer.

Bonaparte, du haut d'une éminence en avant de Rivoli, observait tous les mouvements; il envoie Berthier raffermir la gauche. Cependant, le bataillon de la 14e, qui a évacué San Martino, assure la marche rétrograde de Joubert. L'ennemi rassemble tout ce qu'il a de forces disponibles pour le disloquer, car la bataille est là. Rien n'ébranle la 14e: elle reçoit intrépidement le choc et ne perd pas un pouce de terrain. Pendant vingt minutes, un seul bataillon est en butte aux efforts des Autrichiens. Ceux-ci veulent du moins emporter un trophée de cette violente lutte : ils attellent leurs chevaux à deux canons que l'on a laissés dans San Martino. « Vous n'aurez pas nos pièces, s'écrie-t-on des rangs français. » En même temps, un feu terrible couche à terre l'attelage et contraint la troupe de s'éloigner.

Sous la protection de la 14e, Joubert, ramené à San Marco, s'est aligné sur le centre de sa division, et à cet instant Masséna apparaît avec la 32e. Bonaparte court à lui, le conduit à gauche, rallie Leblay, répare son désordre, et en lui rendant l'ascendant dégage la 14e. Masséna prend de ce côté la direction des manœuvres.

Mais Joubert, accablé par le nombre, cède les hauteurs de San Marco, et l'infanterie ennemie commence à descendre sur le plateau. C'est le moment critique, Quasdanowich gravit la rampe, Wukassowich lance des boulets sur le retranchement et apprête son équipage de pont; enfin, Lusignan passe le Tasso et menace les collines derrière Rivoli.

La grandeur du péril exalte les âmes : généraux, soldats, se dévouent au salut commun. Bonaparte saisit la cavalerie de Masséna qui arrive de Vérone, il la donne à Berthier et lui commande de courir au retranchement; il détache la 75e à la gauche de Rivoli pour contenir Lusignan. De son côté, Joubert, se réservant de prendre sa revanche contre l'infanterie qui l'a repoussé de San Marco, laisse devant elle Vial avec la 33e, fait volte-face et accourt aussi pour défendre la rampe, par où déjà débouche Quasdanowich. Il rencontre Berthier, qui lui dit sans s'émouvoir : « Eh bien, Joubert, où prends-tu ta ligne ? — Là, » répond-il, en plaçant en jalons deux carabiniers ; puis, le fusil à la main, il conduit sa troupe sur le flanc droit des impériaux, qui ont forcé le retranchement et le plateau. Ceux-ci, chargés en tête par la cavalerie, couverts de feu sur leurs flancs, d'un côté par Joubert, de l'autre par l'infanterie commise à la garde de la rampe, sont rompus et précipités dans le plus grand désordre au fond du ravin, encombré d'artillerie et de cavalerie. Ce rude choc, l'explosion de quelques caissons désorganisent complétement Quasdanowich; sa colonne se retire confusément.

Joubert aussitôt rebrousse contre ses précédents adversaires, impatient de les châtier et de rallier Vial ; son approche, deux cents chevaux qui le précèdent, frappent d'épouvante les impériaux que les accidents du sol forçaient de marcher sans ordre, et les font reculer au pas de course, quand Masséna, vainqueur sur tous les points, s'étend par sa droite et les déborde. Leur déroute est sans remède ; ils fuient et se laissent enlever dix-huit cents prisonniers. Toute l'infanterie d'Alvinzy est défaite ; à sa gauche, Quasdanowich est annulé et Wukassowich renonce à passer l'Adige. Reste son aile droite, que Lusignan a rabattue sur les derrières des Français et qui maintenant s'y trouve isolée. Les regards des vainqueurs se tournent vers elle. « Ceux-là, disent-ils, sont encore pour nous. » La 18e, la 75e marchent à elle en chantant l'hymne du départ; Rey survenant avec la 58e la prend à dos; elle se replie comme un éventail (selon un des récits régimentaires), se débande et gagne en courant les bords du lac; cent tirailleurs de la 18e la préviennent à Garde, barrent le passage et font déposer les armes à trois mille hommes. Lusignan, de sa personne, se cache avec dix officiers et quelques soldats, dans un château, d'où, quarante-huit heures après, il réussit à s'échapper.

Le jour finissait et Bonaparte faisait ses dispositions pour anéantir, dans les défilés du Montebaldo, l'infanterie vaincue, quand il apprit que Provera avait franchi l'Adige et marchait sur Mantoue; il part aussitôt, il commande à Masséna de le suivre; il laisse à Joubert le soin d'achever Alvinzy.

Le lendemain, Murat, avec la brigade de la réserve qui avait traversé le lac, saisit les issues du Montebaldo, et Joubert, en poussant pied à pied dans le val du Tasso, les débris de l'infanterie, les fit déborder par douze cents hommes, qui occupèrent les débouchés du Montemagone, au pied de la Corona. Arrivés aux sources du Tasso, les impériaux, trouvant tous les passages fermés, se débandèrent; trois mille périrent, cinq mille mirent bas les armes, le reste s'échappa non sans de nouvelles pertes, en se débarrassant des sacs, des fusils, des sabres, et en se jetant au travers des précipices et des gorges des montagnes.

Le corps d'Alvinzy était détruit, Provera n'eut pas une meilleure destinée. Après avoir habilement tenu en suspens Augereau et lui avoir donné le change, il jeta un pont sur l'Adige à Anghiari, porta à la rive droite dix à onze mille combattants, culbuta la troupe qui tenta de l'arrêter et perça jusqu'au faubourg de Saint-Georges. Les manteaux blancs de ses hussards trompèrent les soldats français qui faisaient du bois hors des portes ouvertes; mais un vieux sergent remarqua que ces manteaux étaient bien neufs, trop neufs pour des cavaliers de l'armée d'Italie. Il fit rentrer ses hommes, ferma la barrière, et appela le poste qui reçut les hussards à coups de fusil. La garnison se mit sur pied et répondit aux sommations de Provera avec du canon. Il tâta alors les lignes de circonvallation du côté de la Favorite; on était partout en mesure; renonçant à surprendre le camp des assiégeants, il commande à tous ses tambours de battre la grenadière et Wurmser, pour l'avertir que son signal est compris, met en branle toutes les cloches de Mantoue. Dans cette même journée, Augereau atteignit la queue de sa colonne, brûla son pont, enleva deux mille hommes, quarante officiers, quatorze bouches à feu : c'était un sinistre présage.

Bataille de la Favorite (16 *janvier*). — Le lendemain, pendant que les deux généraux autrichiens tentaient vainement de se réunir, pendant que la garnison était contenue dans la place et essuyait une perte de quatre cents hommes, Bonaparte, Augereau, Masséna enveloppèrent Provera; après une courte résistance ce dernier capitula; six mille fantassins, sept cents cavaliers, vingt-deux pièces de canon, les caissons, les bagages, tombèrent au pouvoir des vainqueurs; au nombre des prisonniers se trouva le bataillon des volontaires de Vienne; au nombre des drapeaux, le drapeau donné par l'impératrice.

Tel fut le résultat de la dernière expédition d'Alvinzy, la plus désastreuse de celles que fit l'Autriche pour délivrer Mantoue.

Le général en chef, complimentant Masséna, lui dit: « Vous êtes l'enfant chéri de la victoire, » et s'adressant aux troupes : « Toutes les demi-brigades, dit-il, se sont couvertes de gloire, et spécialement la 32e, la 57e, la 18e, qui, en trois jours, ont combattu l'ennemi à Vérone, à Rivoli, à la Favorite. Les légions romaines faisaient, dit-on, vingt-quatre milles par jour. Nos brigades en font trente et se battent dans l'intervalle. »

XIII.

La capitulation de Mantoue.

De toutes les calamités que la guerre attire sur les contrées dont elle est le théâtre, la plus terrible est un siége comme celui de Mantoue. Ce n'est pas assez de la suspension de la vie, de l'interruption du travail et des affaires; ce n'est pas assez de la misère que subissent les classes laborieuses, des angoisses incessantes dont la population entière est tourmentée, la contagion arrive et dévore tous les rangs. La passion seule, l'exaltation peuvent alléger tant de fléaux; mais qu'importait aux Mantouans le triomphe de l'Autriche? Le plus grand nombre aspirait secrètement à secouer le joug dont la Lombardie semblait affranchie pour toujours, et ils souffraient, ils mouraient victimes d'une querelle qui n'était point la leur. Sept mois et demi s'étaient écoulés depuis que, pour la première fois, la ville avait été bloquée étroitement; la fin du second mois marquée par l'ouverture des tranchées, le feu des batteries de siége, un terrible bombardement, l'incendie d'une multitude d'édifices, avait été l'époque la plus critique.

Vingt-quatre jours, non d'espérance, car dès le cinquième jour l'armée impériale était défaite, et d'ailleurs on ne lui souhaitait pas la victoire, mais vingt-quatre jours où l'on put se mouvoir dans le Seraglio, respirer, faire de nouveaux approvisionnements, suivirent la première entrée de Wurmser, celle qu'il fit en libérateur.

Lorsqu'il revint le 12 septembre, vaincu et à la veille d'essuyer une dernière défaite, on eut encore pendant une vingtaine de jours la faculté de sortir des murs, de passer le lac, de se répandre dans les champs.

Au commencement d'octobre, le blocus, compliqué de lignes de contre-vallation et de circonvallation, reprit toute sa rigueur; les péripéties cessèrent, et lorsque Alvinzy fut mis définitivement hors de combat, il n'y eut plus d'autre délivrance à attendre qu'une capitulation : elle était inévitable.

La garnison, commandée d'abord par Canto d'Irlès, puis par Wurmser en personne, ne comptait guère plus de douze mille combattants; les hôpitaux contenaient environ quatre mille malades; huit mille hommes au moins avaient succombé. Aussitôt que Provera eut déposé les armes, Sérurier en informa le feld-maréchal, qui demanda à ses lieutenants de lui faire savoir, par écrit, s'il était possible de tenir encore; la réponse fut unanime : tous reconnaissaient la nécessité de se rendre. Dès le soir, sous prétexte d'échange de prisonniers, Wurmser envoya son aide de camp Klenau, conférer avec le général commandant le corps de siége. Des pourparlers s'engagèrent; à la troisième entrevue, pendant que Klenau se débattait et s'efforçait d'obtenir les meilleures conditions, un homme enveloppé d'un manteau paraissait fort occupé d'écrire, sans prendre part à la discussion.

Au moment où Klenau faisait valoir les ressources de la place, l'inconnu, qui n'était autre que Bonaparte, se lève, lui remet un papier et dit: « Voici mes conditions, auxquelles je ne changerai rien, quelle que soit la durée de votre résistance. Je sais que vous avez épuisé votre approvisionnement, que vous avez des vivres à peine pour trois jours, que, pour alimenter une population affamée, votre général abandonne ses propres chevaux. N'importe; je ne veux abuser ni de la victoire, ni de votre détresse. »

La capitulation que le général en chef accordait à Wurmser était aussi honorable que le comportaient les circonstances; elle fut acceptée sans retard. La garnison déposa les armes; le feld-maréchal, son état-major et sept cents hommes à son choix, se rendirent librement dans les provinces autrichiennes.

« Je me suis attaché, écrivit Napoléon au Directoire, à montrer la générosité française vis-à-vis de Wurmser, général septuagénaire, envers qui la fortune a été, cette campagne-ci, très-cruelle, mais qui n'a pas cessé de montrer une constance et un courage que l'histoire remarquera. Enveloppé de tous côtés après la bataille de Bassano, perdant d'un seul coup une partie du Tyrol et son armée, il ose espérer de pouvoir se réfugier dans Mantoue, dont il est éloigné de quatre à cinq journées, passe l'Adige, culbute une de nos avant-gardes à Cerea, traverse la Molinella et arrive dans Mantoue.

« Enfermé dans cette ville, il a fait deux ou trois sorties, toutes lui ont été malheureuses, et à toutes il était à la tête. Mais outre les obstacles très-considérables que lui présentaient nos lignes de contre-vallation, hérissées de pièces de campagne qu'il était obligé de surmonter, il ne pouvait agir que sur des soldats découragés par tant de défaites et affaiblis par les maladies pestilentielles de Mantoue. »

On trouva dans la place l'équipage de siége abandonné avant la bataille de Castiglione, l'artillerie des remparts, celle de l'armée de Wurmser, en tout cinq cent quatre bouches à feu, cent quatre-vingt quatre caissons, dix-sept mille fusils, un équipage de pont et soixante drapeaux que le général Augereau fut chargé d'offrir au Directoire.

La prise de Mantoue fut annoncée dans Paris solennellement, au son du tambour; la troupe de ligne, la garde nationale escortèrent les officiers municipaux qui en firent la proclamation sur les places publiques. Cette fête mit le comble à l'enthousiasme pour l'armée d'Italie. Les conseils décrétèrent qu'elle n'avait jamais cessé de bien mériter de la patrie.

Le Directoire, d'abord en méfiance de Bonaparte, ne vivait plus que de ses victoires. Le mauvais succès des autres armées, le désordre des finances, l'impuissance de l'administration, la stagnation des affaires, le déchirement des factions faisaient mettre en question non-seulement les hommes chargés de gouverner le pays, mais les institutions mêmes. Un parti puissant, très-appuyé par la presse, et qu'on nommait les clichiens, parce que son club central se tenait rue de Clichy, conspirait ouvertement pour le rétablissement de la royauté, sans songer que les réactions ne s'arrêtent pas, qu'au sortir des orages des années précédentes, la royauté ne pouvait être qu'un retour à l'ancien régime avec l'absolutisme, les priviléges et leurs abus, qu'il ne fût resté de la révolution que ses excès, sans les réformes salutaires qui devaient donner à la France une longue période de prospérité.

Les armées commençaient à s'inquiéter de l'état des esprits; Masséna voyait déjà la liberté perdue, les triomphes des guerriers anéantis, leurs blessures honorables devenues des titres de proscription, sinon des objets de risée.

Augereau, en faisant au Directoire la remise des drapeaux qu'il avait portés à Paris, prononça, lors de la fête qui eut lieu à cette occasion, des paroles menaçantes à l'adresse des clichiens.

« Toutes les factions, dit-il, doivent échouer devant votre sagesse (des Directeurs) et l'énergie des armées. Ce n'est que pour le maintien de la constitution qu'elles ont acceptée, et pour le salut de la république qu'elles sont disposées à verser leur sang.

« Tandis que vous consacrez tous vos moments à conserver le dépôt constitutionnel et à comprimer les malveillants, l'armée d'Italie ne cessera pas de concourir à seconder, par sa discipline et son énergie ordinaire, tous les projets qui tendront à donner à la république cette paix qui fait l'objet des désirs de tous ses amis. »

Mantoue aussi eut ses fêtes; les vainqueurs, au milieu d'un bois de chênes, de myrtes et de lauriers, érigèrent un monument à Virgile, dans le lieu de sa naissance, jadis Andes, aujourd'hui Pietole, village du Seraglio, à une lieue de la ville, sur les bords du lac.

« Bonaparte, dirent les journaux italiens, aussi généreux et aussi passionné pour les lettres qu'Octave, protégea la patrie de Virgile. La mémoire de ce poëte fut encore une fois, et après dix-huit siècles, utile à son pays. Le général français voulut que l'ancien patrimoine du prince des poëtes latins fût distingué, et que les colons fussent indemnisés de toutes les pertes que la guerre avait pu leur occasionner. »

Cette idée était un heureux commentaire de l'une des inscriptions de l'obélisque :

NATAL. PUB. VIRGILII MARONIS SACRUM.

Enfin les Mantouans délivrés élevèrent sur le champ de bataille de la Favorite autant de pyramides qu'il y avait de divisions dans l'armée française, avec l'indication de la part que chacune avait prise à la victoire.

XIV.

L'invasion des États romains.

Le saint-père mit son armée sous les ordres de ce même général Colli, qui, au commencement de la guerre, commandait les Piémontais ; elle se composait d'environ huit mille hommes de troupes régulières et d'une nuée de paysans en armes. Quoique la rupture de l'armistice n'eût pas été dénoncée, on était en hostilité flagrante. On n'avait pas pris la peine de dissimuler l'alliance avec l'Autriche, et pour lever les doutes on s'était avancé jusqu'aux portes de Bologne, tandis que des manifestes partis de Rome appelaient les peuples à l'insurrection.

Le jour même où la capitulation de Mantoue fut signée (2 février), Bonaparte établit son quartier général à Bologne. Il avait amené Victor, récemment promu au grade de général de division, lequel commandait, outre des Français, Lannes avec les Cispadans et Lahoz à la tête d'une brigade lombarde; sans retard il déclara l'armistice rompu, et il publia cette proclamation foudroyante :

« L'armée française va entrer sur le territoire du pape; elle sera fidèle aux maximes qu'elle professe; elle protégera la religion et le peuple. Le soldat français, qui porte d'une main la baïonnette, sûr garant de la victoire, offre de l'autre aux villes et villages, paix, protection et sûreté. Malheur à ceux qui les dédaigneraient, et qui, de gaieté de cœur, séduits par des hommes profondément hypocrites et scélérats, attireraient dans leurs maisons la guerre et ses horreurs et la vengeance d'une armée qui a, en six mois, fait cent mille prisonniers des meilleures troupes de l'empereur, pris quatre cents pièces de canon, cent dix drapeaux et détruit cinq armées.

« 1° Tout village ou ville où, à l'approche de l'armée française, on sonnera le tocsin, sera sur-le-champ brûlé et les municipaux fusillés;

« 2° La commune sur le territoire de laquelle sera assassiné un Français sera sur-le-champ déclarée en état de guerre; une colonne mobile y sera envoyée, il y sera pris des otages et il y sera levé une contribution extraordinaire;

« 3° Tous les prêtres, religieux et ministres de la religion, sous quelque nom que ce soit, seront protégés et maintenus dans leur état actuel, s'ils se conduisent selon les principes de l'Évangile; et, s'ils sont les premiers à les transgresser, ils seront traités militairement et plus sévèrement que d'autres citoyens. »

L'action suivit de près ces menaces; le lendemain Bonaparte marcha sur Faenza. L'armée papale était rangée derrière le Senio, en avant de cette ville; elle avait retranché le pont du Senio, et, sans doute, par représailles, pour procéder aussi par intimidation, elle avertit les assaillants que s'ils continuaient d'avancer, elle tirerait sur eux.

Ils n'en tinrent aucun compte et ne tardèrent pas à se trouver en présence de quatre mille réguliers et d'une foule de paysans entremêlés de prêtres et de moines qui les exhortaient le crucifix à la main. Les drapeaux à l'image de la sainte Vierge avaient été bénits, et les étendards, ornés d'une grande croix, portaient ces mots empruntés à l'histoire de l'empereur Constantin : *In hoc signo vinces.*

Lannes lança sur le pont les grenadiers lombards, qui l'enlevèrent sous un feu très-vif. Ce fut l'affaire de quelques instants; tout plia, tout se rompit; quatre à cinq cents Romains périrent, on fit mille prisonniers, on s'empara de quatorze canons. On se porta sans faire halte sur Faenza, dont les portes étaient fermées; toutes les cloches sonnaient le tocsin, et la population exaspérée montrait la résolution de se défendre. Deux ou trois coups de canon enfoncèrent les portes; les vainqueurs entrèrent au pas de charge dans la ville, que la modération de Bonaparte sauva du pillage.

Cinq jours après, les débris de Colli, réduits par la désertion à trois mille hommes, furent enveloppés et enlevés sans coup férir, sous les murs d'Ancône, et l'on prit possession de cette clef de l'Adriatique, où l'on trouva cent vingt canons et trois mille fusils.

La présence de l'armée républicaine dans les États romains exposait à la rigueur des lois de l'époque quantité de prêtres insermentés qui s'y étaient réfugiés. Bonaparte non-seulement les rassura, mais il améliora leur position matérielle en publiant un manifeste d'où l'on peut induire que les ecclésiatiques français ne trouvaient pas toujours, dans les États du chef de l'Église, une hospitalité chrétienne.

« La loi de la Convention nationale sur la déportation, dit-il, défend aux prêtres réfractaires de rentrer sur le territoire de la république, mais non de rester sur le territoire conquis par les armées françaises. La loi laisse au gouvernement français la faculté de prendre les mesures que les circonstances peuvent exiger. Le général en chef, satisfait de la conduite des prêtres réfractaires réfugiés en Italie, ordonne ce qui suit : Les prêtres réfractaires sont autorisés à rester dans les États du pape conquis par l'armée française. Il est défendu, sous les peines les plus sévères, aux individus de l'armée, aux *habitants*, *prêtres ou religieux du pays*, de molester, sous quelque titre que ce soit, les prêtres réfractaires. Les prêtres réfractaires seront mis en subsistance dans différents couvents, où il leur sera accordé, par le supérieur, le logement, la nourriture, la lumière et le feu. »

Pour faire approuver sa conduite, il écrivit au Directoire : « En faisant des battues continuelles de ces malheureux, on les oblige à rentrer chez eux. Il vaut mieux qu'ils soient en Italie qu'en France ; ils nous y seront utiles, ils sont moins fanatiques que les prêtres italiens, ils éclaireront le peuple qu'on excite contre nous. D'ailleurs, ils pleurent en nous voyant : comment n'avoir pas pitié de leur infortune ? »

Ce n'étaient pas ses seuls motifs : en se montrant aux yeux de la cour de Rome exempt du fanatisme philosophique de Paris, il faisait glisser dans les cœurs l'espoir d'une paix prompte et acceptable. Plus que personne, il la désirait, mais sans avoir dessein d'abandonner les droits légitimes de la victoire. Il était impatient de tourner ses armes contre l'empereur, et il n'ignorait pas qu'avec le pape il ne suffit point d'anéantir une armée; il savait que cette puissance n'est jamais plus redoutable que, lorsque dépouillée de toute force temporelle, elle fait usage uniquement de ses armes spirituelles.

Cependant tout en s'adressant au cœur du pontife, il agissait militairement contre le souverain; les troupes continuèrent leur mouvement, elles occupèrent la marche d'Ancône, le duché d'Urbin; elles s'emparèrent de Lorette, où Marmont saisit, outre une faible parcelle d'un inappréciable trésor, des reliques, et entre autres la madone miraculeuse, qui attirent en ce lieu de nombreux et de généreux pèlerinages. Les reliques et la madone furent transportées à Paris, où elles restèrent jusqu'au concordat de 1802.

Grâce à son habile mélange de fermeté militaire et de modération politique, les vœux de Bonaparte s'accomplirent; des conférences s'ouvrirent au quartier général de Tolentino; elles eurent pour résultat le traité de ce nom (19 février), que le négociateur du souverain pontife annonça en ces termes au ministère du Vatican.

« Les conditions sont très-dures et semblables à la capitulation d'une place assiégée. J'ai palpité, j'ai tremblé jusqu'à présent pour Sa Sainteté, pour Rome et pour tout l'État. Rome est sauvée cependant, ainsi que la religion, malgré les sacrifices qu'on a faits. »

Les sacrifices, en effet, étaient grands; on cédait à perpétuité les légations; on y ajoutait la Romagne; on consentait à l'occupation d'Ancône; on ne mettait plus d'obstacle au départ des objets d'art cédés par un article de l'armistice, lequel n'avait pas reçu son exécution. Enfin, stipulation essentielle pour la continuation des hostilités avec l'Autriche, on s'obligeait à payer immédiatement trente millions. Bonaparte annonça aux troupes cette dernière phase de la guerre par une proclamation où, comme d'habitude, il résumait en traits saillants les phases précédentes :

« Soldats ! la prise de Mantoue vient de finir une campagne qui vous a donné des titres éternels à la reconnaissance de la patrie.

« Vous avez remporté la victoire dans quatorze batailles rangées et soixante-six combats; vous avez fait cent mille prisonniers, pris à l'ennemi cinq cents pièces de campagne, deux mille de gros calibre, quatre équipages de pont.

« Les contributions mises sur les pays que vous avez conquis, ont nourri, entretenu, soldé l'armée pendant toute la campagne; vous avez en outre envoyé trente millions au ministère des finances pour le soulagement du trésor public.

« Vous avez enrichi le musée de Paris de plus de

trois cents objets, chefs-d'œuvre de l'ancienne et nouvelle Italie, et qu'il a fallu trente siècles pour produire.

« Vous avez conquis à la république les plus belles contrées de l'Europe. Les républiques lombarde et cispadane vous doivent leur liberté ; les couleurs françaises flottent pour la première fois sur les bords de l'Adriatique, en face et à vingt-quatre heures de navigation de l'ancienne Macédoine ; les rois de Sardaigne, de Naples, le pape, le duc de Parme se sont détachés de la coalition de nos ennemis et ont brigué notre amitié ; vous avez chassé les Anglais de Livourne, de Gênes, de la Corse Mais vous n'avez pas encore tout achevé ; une grande destinée vous est réservée ; c'est en vous que la patrie met ses plus chères espérances ; vous continuerez à en être dignes.

« De tant d'ennemis qui se coalisèrent pour étouffer la république à sa naissance, l'empereur seul reste devant nous. Vous allez chercher la paix dans le cœur de ses États héréditaires. Vous y trouverez un brave peuple, accablé par la guerre qu'il a eue contre les Turcs et par la guerre actuelle. Les habitants de Vienne et des États d'Autriche gémissent par l'aveuglement et l'arbitraire de leur gouvernement. Il n'en est pas un qui ne soit convaincu que l'or de l'Angleterre a corrompu les ministres de l'empereur. Vous respecterez leur religion et leurs mœurs; vous protégerez leurs propriétés; c'est la liberté que vous apporterez à la brave nation hongroise.

« La maison d'Autriche, qui depuis trois siècles, va perdant à chaque guerre une partie de sa puissance, qui mécontente ses peuples en les dépouillant de leurs priviléges, se trouvera réduite à la fin de cette sixième campagne, puisqu'elle nous contraint à la faire, à accepter la paix que nous lui accorderons, et à descendre dans la réalité au rang des puissances secondaires, où elle s'est déjà placée en se mettant à la solde et à la disposition de l'Angleterre. »

XV.

L'invasion des provinces impériales.

Des trois colonnes françaises qui, au printemps de l'année 1796, débouchèrent de Dusseldorf, de Strasbourg, de Nice, pour envahir l'Allemagne et l'Italie, les deux premières, quoique supérieures en nombre, quoique formées des plus formidables armées de la république, et commandées par les généraux les plus renommés, furent vaincues. Le jeune archiduc Charles, en se portant résolûment de l'une à l'autre, les força de repasser le Rhin. Ce ne fut pas assez, en prenant le fort de Kehl et les retranchements dont on avait couvert la tête de pont d'Huningue, il interdit à Moreau le retour sur la rive gauche du fleuve. Restait la troisième colonne; celle-ci, retenue pendant huit mois sur l'Adige à cause de la résistance opiniâtre de Mantoue, s'était finalement préparé une forte base d'opérations offensives, tant par la prise de cette forteresse que par ses traités, ses alliances et la création d'États nouveaux. Le cabinet de Vienne ne perdit pas l'espoir non-seulement d'arrêter son élan, mais de la faire reculer à son tour.

Au général jeune, plein de génie, qui la commandait, il opposa le jeune prince qui, par un trait de génie, venait de délivrer l'Allemagne; il tira de cette contrée ses troupes d'élite; il ne laissa devant Moreau que quarante-six mille hommes, commandés par le comte de Latour, et devant l'armée de Sambre-et-Meuse, que quarante mille hommes sous le baron de Werneck. Mais il comptait avec juste raison sur la lenteur du Directoire, et il ne doutait pas qu'une défaite de Bonaparte ne paralysât les deux armées françaises en deçà du Rhin, et ne remît les choses dans l'état où elles étaient à la fin de 1795.

L'archiduc arriva en Italie au moment de l'expédition romaine. La prompte conclusion de cette guerre, d'où pouvaient naître d'inextricables difficultés; l'indécision du sénat de Venise, qui faisait des armements et n'osait pas se déclarer, lui firent pressentir que Bonaparte ne tarderait pas à l'attaquer. Après avoir inspecté les débris de ses devanciers qui, avec les renforts entrés en ligne, ne s'élevaient pas à plus de quarante mille hommes, il se convainquit avec douleur qu'il n'avait pas d'autre parti à prendre que de rester sur la défensive, jusqu'au moment où les troupes en marche, du Rhin et de l'intérieur de l'empire, auraient porté ses forces à quatre-vingt mille hommes.

Tandis qu'il cherchait de bonnes lignes de défense, les renforts arrivaient à l'armée française, déjà ceux qui provenaient de l'intérieur avaient été répartis, quand Delmas, de l'armée du Rhin, et Bernadotte, de l'armée de Sambre-et-Meuse, déployèrent sur l'Adige deux belles divisions. Le premier se réunit au corps que commandait Joubert; Bonaparte garda le second. Pour la première fois, il avait la supériorité du nombre; il poussa en avant soixante mille hommes, et put en laisser vingt mille en réserve, à la garde de l'Italie, non compris les légions lombarde, polonaise et cispadane.

L'archiduc, le front couvert par les fleuves qui descendent des Alpes à l'Adriatique, s'appuyait à droite sur les montagnes, à gauche sur le rivage de la mer.

Bonaparte (vingt-sept mille) marcha directement contre lui; il chargea Masséna (quinze mille) de côtoyer les Alpes et de tourner les sources des fleuves; il chargea Joubert (dix-huit mille), pour que Masséna fût flanqué sur sa gauche, de balayer le versant septentrional des monts.

Ce dernier général avait devant lui Kerpen (quinze mille), soutenu par les milices tyroliennes; restait donc à l'archiduc, pour arrêter le général en chef et Masséna, seulement vingt-cinq mille hommes. Mais il était secondé par les obstacles de la saison et des localités; les montagnes étaient couvertes de neige et les torrents gonflés roulaient des eaux furieuses.

Après que Masséna eut déblayé la haute Piave, le corps principal (12 mars 1797) passa cette rivière en ordre de bataille, les demi-brigades par pelotons, l'eau jusqu'aux aisselles; la cavalerie, ayant devancé l'infanterie, avait suffi pour éloigner l'ennemi de la rive droite.

Le lendemain on entra dans Sacile; on livra, deux lieues plus loin, un combat où l'on enleva trois cents prisonniers; le même jour, Masséna enveloppa, dans les gorges de la haute vallée, le corps de Lusignan, lui tua la moitié de son monde et le fit prisonnier avec sept cents hommes, puis, sans s'arrêter, il pointa droit au Tagliamento, non plus en longeant les hauteurs, mais en se rapprochant de la plaine. L'armée entière suivit le mouvement, et l'archiduc résolut de se défendre.

Bataille du Tagliamento (16 *mars*). — Le temps avait changé ; les eaux étaient moins fortes ; mais, sur la rive gauche, les impériaux étaient retranchés. Bonaparte fit reconnaître leurs positions par son aide de camp Croisier, à la tête de vingt-cinq guides. Ces braves, malgré la mitraille, parcourent le lit du fleuve, examinent les redoutes et viennent annoncer qu'il est partout guéable.

L'armée se range comme s'il n'y avait pas eu de cours d'eau entre elle et ses adversaires. Pendant que son artillerie, soutenant une nuée de tirailleurs, sillonne leur camp et fraye le chemin aux divisions Guieu et Bernadotte, chaque demi-brigade déploie un de ses trois bataillons, ayant les deux autres en colonnes serrées sur les ailes. Toutes s'ébranlent par échelons ; la cavalerie, derrière les échelons, comble les intervalles entre les masses d'infanterie. On franchit le fleuve dans cet ordre, et Bernadotte, en se lançant en avant de sa troupe, s'écrie : « Soldats de l'armée de Sambre-et-Meuse, l'armée d'Italie vous contemple. » Les hulans autrichiens attendent sur la berge les têtes d'avant-garde ; ils les chargent à mesure qu'elles sortent de l'eau et sont ramenés par les escadrons qui débouchent avec elles ; le passage est effectué. L'archiduc recule ; il masse l'infanterie pour prendre Guieu en flanc ; son lieutenant Schultz, avec la cavalerie, à l'autre extrémité de la ligne, tombe sur l'aile droite de Bernadotte ; mais, de ce côté, la réserve de cavalerie prenait pied sur la rive gauche ; elle culbute Schultz, le fait prisonnier et détermine l'archiduc à vider le champ de bataille.

Son arrière-garde barricade le village de Gradisca pour laisser le temps au reste de l'armée de s'écouler sans désordre ; Guieu lui enlève brusquement ce point d'appui, malgré l'obscurité du soir : dès lors sa retraite se change en déroute.

La victoire du Tagliamento n'eut pas par elle-même un grand éclat ; on n'en recueillit d'autres trophées que onze pièces de canon et cinq cents prisonniers ; elle fut cependant décisive. On combattait encore sur le territoire vénitien ; un échec appuyant la grande renommée du jeune archiduc pouvait décider l'explosion de Venise et mettre en feu l'Italie. L'armée impériale avait d'ailleurs derrière elle la place forte de Palma Nova, qui pouvait, si la guerre traînait en longueur, devenir une seconde Mantoue, et que les Autrichiens, grâce à leur lenteur habituelle et aux indécisions du sénat vénitien, n'avait point mise en état de défense.

Bernadotte en prit possession sans coup férir ; Bonaparte la fit aussitôt réparer, armer, approvisionner ; il y plaça une vaillante garnison ; il échelonna entre ses remparts, désormais respectables, et l'Adige, les Lombards de Lahoz, les Polonais de Dembrowski, la division Victor. Venise, qu'il avait observée d'un regard inquiet, en pénétrant ses mauvais desseins, fut en un instant paralysée, enveloppée.

Il ne restait plus à l'archiduc d'appui en deçà des Alpes que la petite ville autrichienne de Gradisca, sur la rive droite de l'Isonzo; il avait adossé à sa vieille enceinte un camp retranché où étaient enfermés trois mille hommes d'élite. Les bords du fleuve étaient en outre garnis de troupes. Bernadotte et Sérurier s'avancent, le premier directement sur le camp et la ville, le second sur des hauteurs, au delà de l'Isonzo, qui commandent toute la position. Celui-ci passe l'eau avec l'aplomb accoutumé, sans que les impériaux tirent même sur lui; ils s'éloignent, ils le laissent libre de se déployer sur les hauteurs. Cependant Bernadotte est déjà aux prises et éprouve une vive résistance; mais quand les troupes du camp se voient cernées et dominées par Sérurier, elles déposent les armes.

De son côté, Masséna, après avoir favorisé, en se rapprochant de la colonne principale, le passage du Tagliamento, remonta le fleuve jusqu'à son confluent avec la Fella, puis, tournant à droite, il prit la route qui, côtoyant cette petite rivière, aboutit aux gorges de Ponteba à Tarvis, par où l'on passe du bassin de l'Adriatique à celui du Danube. Chemin faisant, il enleva la Chiusa Veneta, poste fortifié près du sommet de la chaîne des Alpes; il força l'entrée des gorges et mena si rudement Ocksay, son adversaire, qu'il le repoussa au delà de Tarvis dont il prit possession.

En abandonnant le bas Isonzo, les impériaux se divisèrent: la droite, sous Bayalisch, remonta la haute vallée du fleuve pour gagner cette même position de Tarvis qu'occupait Masséna; le centre, avec l'archiduc, se retira sur Clagenfurt; la gauche sur Laybach.

Bernadotte suivit cette dernière colonne, Sérurier celle de l'archiduc, Guieu celle de Bayalisch. Ce dernier était gravement compromis; le prince, ému de ses périls, ordonna à Ocksay de rebrousser sur Tarvis, lui-même accourut de Clagenfurt pour diriger les mouvements; enfin Gontreuil, avec l'avant-garde de Bayalisch, ayant forcé sa marche, rentra dans Tarvis, où les Français n'avaient laissé que des avant-postes.

Bataille de Tarvis (22 *mars*). — Masséna s'avance pour le reprendre; les impériaux engagent la bataille à quatre kilomètres de la ville, sur un terrain flanqué par de hautes montagnes et couvert d'un ruisseau dont l'unique pont est enfilé par six pièces d'artillerie. Rien ne tient contre la fougue de Masséna, il détache les impériaux des montagnes et déborde leurs extrémités, puis la 2e légère, ambitieuse aussi de montrer aux vétérans de l'Italie ce que peuvent faire ceux de l'armée de Sambre-et-

Meuse d'où elle venait d'être tirée, marche droit au pont, en silence, l'arme au bras, avec toute la régularité d'une troupe à la parade. Elle essuie quelques décharges à mitraille, perd une cinquantaine d'hommes, sans ralentir ni précipiter le pas, arrive sur les pièces, les prend et continue de s'avancer sur Tarvis par la chaussée, comme s'il n'y eût eu personne dans la plaine. Ce terrible sang-froid mit l'ennemi en fuite; l'infanterie, en se rompant, entraîna et fit tomber dans les ravins une multitude de cavaliers. L'archiduc, en payant de sa personne, tenta vainement de rallumer la lutte. La ville fut reprise; la gorge par où arrivait Bayalisch fut fermée, le reste de sa division, pris entre deux feux par Masséna et Guieu, mit bas les armes; cinq mille prisonniers, vingt-cinq canons, quatre cents fourgons furent les fruits de la journée.

« Le combat de Tarvis, écrivit le général en chef, s'est livré au-dessus des nuages, sur une sommité qui domine l'Allemagne et la Dalmatie. Dans plusieurs endroits où notre ligne s'étendait, il y avait trois pieds de neige, et la cavalerie, chargeant sur la glace, a essuyé des accidents qui ont été très-funestes à celle de nos ennemis. »

Depuis dix jours, les fleuves et les monts avaient été forcés, les forteresses prises, les provinces héréditaires envahies, l'armée impériale disloquée et tellement amoindrie par ses pertes, que les premiers renforts sur lesquels elle se repliait ne suffisaient pas à combler ses vides.

Dans le même temps Joubert entra en campagne en forçant le passage de l'Avisio. Son adversaire s'était retranché sur les collines qui encaissent cette rivière, et il avait jeté, vis-à-vis son confluent, sur la rive droite de l'Adige, son lieutenant Laudon (trois à quatre mille). A ce dernier Joubert opposa quatre mille hommes qui prirent position en avant de Trente, et, débouchant de ses lignes, il dépassa sur tous les points Kerpen; ses manœuvres eurent pour résultat de le rendre maître du cours de l'Adige, dont il brûla tous les ponts, d'affaiblir les impériaux de trois mille cinq cents hommes de troupes régulières et d'autant de miliciens, et de séparer Kerpen de son lieutenant. Il poursuivit le premier dans la vallée de l'Adige et l'obligea de s'enfoncer dans les gorges de l'Eisach, affluent du fleuve qui côtoie la route du Tyrol allemand. Le second, après avoir inutilement tenté de revenir par le pont de Neumarkt, sur la rive gauche de l'Adige, se retira près de ses sources, hors du champ d'opérations. La division Delmas (cinq mille) occupa la ville de Botzen pour le contenir et le faire rester dans son isolement. Joubert poursuivit Kerpen dans un val étroit, hérissé de rochers, où ses progrès mêmes ajoutaient aux obstacles; car la population, exaspérée par l'approche des Français, se levait en masse et combattait avec des armes plus terribles que celles de la guerre. Les pâtres, du haut des montagnes, faisaient rouler sur les colonnes en marche d'énormes quartiers de roches, et lorsqu'ils voyaient défiler un convoi d'artillerie, ils essayaient de le faire sauter au moyen d'une pluie de projectiles enflammés. Quelquefois ils se ruaient sur la troupe avec une telle impétuosité qu'ils l'éparpillaient, et lorsqu'elle s'était ralliée, ils se perçaient eux-mêmes en tâchant de lui enlever ses baïonnettes. Malheur à qui tombait entre leurs mains; un capitaine échappa cependant à leurs fureurs sauvages; on le prend, on se dispose à le fusiller sans délai, on le somme de se mettre à genoux; il s'y refuse avec indignation; on insiste, il résiste encore; finalement, faute de pouvoir se mettre d'accord sur ce point important, on le laisse libre, tout en témoignant beaucoup de mauvaise humeur contre son bizarre entêtement.

Joubert sortit triomphant de cette situation critique; à Clausen, lieu où le défilé se resserre encore et est coupé par un ravin, il passa vaillamment sur le corps de Kerpen et de ses insurgés. A six lieues de là, les impériaux se jetèrent par leur droite dans le col de Brenner, par où l'on gagne Inspruck. Joubert poussa jusqu'à Brixen et s'étendit dans le val de la Rienz, dans le dessein de gagner le bassin de la Drave et de e mettre en mesure de rejoindre le général en chef.

Cependant, par ses sages mesures, par son soin d'éviter les représailles, de ne cantonner dans les villages que ses corps les mieux disciplinés, de faire respecter les propriétés et les personnes, il rétablissait autour de lui le calme, quand Kerpen et Laudon, descendant, le premier du Brenner, le second de la haute vallée de l'Adige, attaquèrent sa colonne à Botzen et à l'entrée des gorges qui mènent à Inspruck. Il fut vainqueur encore, grâce à des prodiges de vaillance et de sang-froid, et jugeant, avec une promptitude et une sagacité dignes de Bonaparte que le moyen le plus efficace de pacifier le Tyrol était de vaincre l'archiduc, il profita du moment où ses communications étaient libres pour concentrer ses forces à Brixen, remonter la Rienz et gagner Lienz, puis Villach, où il devint l'aile droite de l'armée principale.

Ce renfort arrivait à propos; les progrès avaient été continus; on avait pris à droite Trieste, Idria, riche en mines de vif-argent, où l'on avait saisi une valeur de deux millions; au centre, on était entré à Clagenfurt, capitale de la Carinthie; on était parvenu au delà des monts ardus et des larges rivières qui couvrent les avenues de Vienne. Mais, dans ces provinces lointaines, où depuis Charlemagne les armées nationales n'avaient jamais porté la guerre, on était isolé, sans qu'aucune diversion vînt seconder tant de généreux efforts. Ni Moreau, qui à cette époque aurait dû arriver au cœur de la Bavière, ni l'impétueux Hoche, qu'on avait mis à la tête de l'armée de Sambre-et-Meuse, et qui brûlait de rivaliser avec le conquérant de l'Italie, n'avaient encore passé le Rhin.

Toutefois, Bonaparte n'hésita pas à se porter en avant; après une ouverture pacifique faite à l'archiduc, et que celui-ci déclina faute de pouvoirs pour entrer en négociations, il se mit en marche. A peine était-il sorti de Clagenfurt qu'un aide de camp du prince vint proposer un armistice de quelques heures.

Loin de le lui accorder, Bonaparte devinant qu'il avait besoin de ce délai pour rallier des renforts, pressa son mouvement. Il s'agissait de traverser une chaîne secondaire, qu'en avant de Neumarkt la route de Vienne perce et que les impériaux avaient retranchée. La division Masséna suffit à emporter ce défilé avec la vigueur dont elle avait donné tant de preuves (2 avril). L'archiduc affaibli d'un millier d'hommes ne songea plus qu'à accélérer sa retraite après s'être couvert d'une forte division qui arrivait du Rhin. L'avant-garde de Masséna le poursuivit si vivement, qu'elle l'atteignit en deux rencontres, à Hundsmarkt et à Judenbourg à trente-six lieues de Vienne.

Ces escarmouches furent les derniers faits militaires; l'alarme était extrême à Vienne; le parti de la paix l'emporta dans les conseils de l'empereur; on convint d'une suspension d'armes de six jours, pendant laquelle s'entamèrent des conférences qui se terminèrent le 17 avril par la signature des préliminaires de Léoben, stipulant les principales conditions de la paix entre la république française et l'Autriche.

Ainsi se termina l'expédition la plus extraordinaire peut-être de l'histoire, si l'on tient compte de la faiblesse des ressources de Bonaparte, des formidables moyens déployés contre lui, des obstacles naturels, de l'hostilité des populations, du mauvais vouloir des partis, de la sourde rivalité des hommes et de l'impuissance du gouvernement français.

Alexandre n'avait pas une plus forte armée; mais il était roi; ses lieutenants, rois après sa mort, lui vivant, obéissaient avec ponctualité ; la Grèce entière s'associait à sa gloire, et la Macédoine était empressée d'approvisionner, de recruter, d'entretenir ses troupes. Enfin il combattait ces cohues de barbares que de tous temps on était accoutumé à vaincre.

XVI.

La chute de Venise.

Si la puissance du sénat vénitien eût égalé sa haine, l'armée d'Italie n'aurait pas eu d'ennemi plus redoutable. Les magistrats de cette prétendue république qui ne connut jamais d'autre liberté que la licence des mœurs, comprimaient chez eux avec une impitoyable rigueur les partisans de la révolution française et au dehors ils entraient dans toutes les menées contre elle. A l'arrivée de l'archiduc Charles dans le Frioul, ils armèrent ouvertement et ils eussent vraisemblablement éclaté, sans la rapidité de la marche de Bonaparte.

D'un autre côté les villes de la terre ferme voisines de la Lombardie, Bergame, Brescia, jadis indépendantes et toujours impatientes du joug, aspiraient à se réunir à la république milanaise. Les mêmes motifs qui paralysèrent la métropole, les encouragèrent à se déclarer; elles s'insurgèrent, chassèrent les autorités vénitiennes, proclamèrent la liberté et constituèrent des municipalités (15-27 mars).

A ces mouvements, le sénat opposa des moyens de répression indignes de cette fière Venise, qui jadis avait tenu tête à l'empire, à la France, à l'Espagne, à Rome coalisés contre elle. Il souleva les campagnes et surtout les montagnards du Brescian. Ceux-ci, trahissant les vœux secrets de leurs instigateurs, se rassemblèrent au cri de : *Mort aux Français !* ils s'emparèrent de Salo (29) ; ils attaquèrent sans succès Brescia et tinrent un moment la campagne. La légion lombarde intervint, les dispersa et leur reprit Salo qui fut mis à sac (31).

Sur ces entrefaites, le départ de Joubert pour la Carinthie ayant découvert le bas Adige, Laudon et ses insurgés envahirent le Tyrol italien, Trente et les rives du lac de Garde. Leur présence sur le Montebaldo fut le signal des Pâques de Vérone ; le lundi de Pâques (17 avril) après vêpres, le tocsin retentit dans toute la ville, des forcenés s'y répandirent et massacrèrent les Français isolés ; ils se portèrent aux hôpitaux, firent main basse sur les blessés, sur les malades et n'épargnèrent ni l'âge ni le sexe. Aux gémissements des mourants, l'artillerie des forts couvrit la ville de boulets rouges ; l'incendie de plusieurs maisons mit le comble à ces horribles scènes que compliqua l'arrivée d'une multitude de paysans qui investirent les forts. Alors le sénat vénitien, ne gardant plus aucune mesure, envoya deux mille Esclavons au secours de Vérone.

Les hostilités commencèrent, Kilmaine dégagea les forts, sabra les Esclavons, répandit la nouvelle de l'armistice de Leoben, montra que Laudon se retirait et décida la ville à se rendre à discrétion. Mais la provocation du sénat ne pouvait se dissimuler, et vers le même temps (20 avril), un acte non moins excessif vint l'aggraver. Le capitaine Laugier, de la flottille française de l'Adriatique, poursuivi par des vaisseaux autrichiens, se réfugia dans le Lido. Le règlement de ce port s'y opposait et on lui signifia de s'éloigner, c'est-à-dire de se livrer à l'ennemi. Il allait obéir quand les batteries firent feu sur son navire; il périt. Des Esclavons, barbares mercenaires, seule force publique d'un Etat amolli, montèrent à l'abordage et assassinèrent son équipage désarmé.

Déjà des députés du sénat avaient eu, sans résultat, une conférence avec Bonaparte; une seconde députation lui fut dépêchée et, par écrit, lui demanda audience. « Je ne puis, lui répondit-il, vous recevoir couverts du sang des Français. Quand vous aurez fait remettre entre mes mains l'amiral du Lido, le commandant de la tour et les trois inquisiteurs d'État qui dirigent la police de Venise, j'écouterai ce que vous avez à me dire pour votre justification.

« Vous voudrez bien quitter le continent dans le plus bref délai; cependant, messieurs, si le nouveau courrier qui vous est arrivé est relatif à l'affaire Laugier vous pouvez vous présenter devant moi. »

Ces derniers mots donnèrent quelque espoir aux envoyés ; ils furent admis, Bonaparte les écouta tranquillement; mais pour toute réponse il leur répéta le contenu de sa lettre et se répandit en menaces contre le patriciat dégénéré qui avait ameuté les meurtriers des Français.

Sa déclaration de guerre était préparée; il la publia et bientôt Venise eut sur les bras, d'une part, Victor et Kilmaine qui venaient de pacifier la terre ferme; d'autre part toute l'armée qui évacuait les provinces autrichiennes.

Dans ce moment suprême, le sénat montra la même indécision que durant toute la campagne; quoiqu'il eût les ressources nécessaires pour soutenir un long siége qui eût amené en Europe des complications nouvelles, il ne put s'y résoudre. Après avoir agité les projets les plus vains et les plus divers, on prit de tous les partis le pire, celui de confesser que la noblesse vénitienne, que ce patriciat si longtemps arbitre de l'Italie, maître de la mer et du commerce de l'Orient, estimait plus ses richesses que ses priviléges, et consentait, pour sauver son bien-être matériel, à sacrifier ses honneurs, son existence politique. On convint de proposer au sénat une modification à la constitution oligarchique sous laquelle Venise avait survécu a toutes les républiques italiennes du moyen âge et d'envoyer à Bonaparte de nouveaux députés.

« Les trois inquisiteurs d'État et le commandant du Lido sont-ils arrêtés? dit-il tout d'abord; il me faut leurs têtes; point de traités jusqu'à ce que le sang français soit vengé. Vos lagunes ne m'effrayent pas, je les trouve telles que je l'avais prévu; dans quinze jours je serai à Venise; vos nobles ne se déroberont à la mort qu'en allant, comme les émigrés français, traîner leur misère par toute la terre. » (1er mai.)

Après avoir frappé aussi juste que s'il eût pu lire dans l'âme des patriciens, il accorda un armistice de quinze jours. Le sénat n'était pas au terme de ses angoisses. D'abord les Esclavons et les équipages de la flotte menacèrent de se révolter, puis, avant que cette agitation fût apaisée, le parti populaire fit remettre au doge, par deux hommes inconnus, un manifeste sans signature contenant un projet de constitution démocratique et l'insinuation qu'il était conçu selon la pensée de Bonaparte. Dans le même moment une vive fermentation, à laquelle, dit-on, la légation française n'était pas étrangère, se manifesta dans la ville. Il n'en fallut pas davantage pour décider le grand conseil à renoncer presque unanimement à la souveraineté.

Le doge (11 mai), les magistrats remirent leurs pouvoirs à une municipalité provisoire dont le premier soin, tant elle se sentait impuissante à prévenir le tumulte, à empêcher le pillage, fut d'appeler les Français. Les vaisseaux de la république expirante transportèrent, à travers les lagunes, la troupe qui venait consommer non une modification populaire à la vieille oligarchie, mais la ruine même de l'État (16 mai).

Cependant les plénipotentiaires du sénat négociaient à Milan, sous les yeux de Bonaparte, avec le résident de la république française. Ils conclurent un traité que l'abdication des autorités de qui ils tenaient leur mandat rendit illusoire et qui stipulait, au reste, les concessions accordées à l'émeute.

C'en était fait de Venise; au cours régulier des affaires 'qu'eût fait naître une convention avec la France, s'était substituée l'action vague et désordonnée d'une municipalité qui n'eut aucune puissance réelle. Elle laissa démolir les prisons d'État, planter l'arbre de la liberté, brûler le Livre d'Or; elle fit même des lois; mais elle ne sut ni rallier les villes de la terre ferme à la métropole, ni administrer, ni percevoir les impôts; tout se disloqua. Dans ces crises successives, l'affaissement de la noblesse, l'incapacité de la bourgeoisie, la légèreté du peuple montrèrent que la vie s'était depuis longtemps retirée de ce corps que le souffle de la révolution française faisait tomber en poussière.

XVII.

Le traité de Campo Formio.

Les négociations pour transformer en paix définitive les préliminaires de Leoben furent hérissées de toutes les difficultés que sait susciter la diplomatie. Il fallut d'abord s'entendre sur le lieu des conférences, et l'on choisit enfin le territoire de la ville vénitienne d'Udine, où se rendirent les plénipotentiaires. Ceux de la république française furent les généraux Bonaparte et Clarke; l'empereur se fit représenter d'abord par le marquis de Gallo, ministre de Naples à Vienne, auquel furent successivement adjoints le comte de Meerweld, le baron de Degelmann et le comte de Cobentzel. Il fallut ensuite régler une grave question d'étiquette. L'empereur, comme jadis, serait-il nommé le premier dans les protocoles; ses mandataires auraient-ils le pas sur ceux de la France? Le vainqueur d'Arcole, en souriant, trancha le nœud gordien, et laissa passer devant lui le marquis de Gallo; la sensation fut très-vive à Vienne, où il sembla qu'on eût gagné une bataille.

Les affaires de fond, au reste, étaient peut-être les plus épineuses que jamais hommes d'État eussent débattues. L'empereur François II, stipulant comme souverain de l'Autriche, ne pouvait se séparer de la personne du chef du corps germaniques et du suzerain des fiefs de l'Italie.

La révolution enlevait au prince autrichien la Belgique; au suzerain de l'Italie, le duché de Modène et deux grands fiefs dont il avait aussi la souveraineté, le Milanais et le Mantouan; elle enlevait à l'empire les trois électorats ecclésiastiques de Trèves, de Cologne, de Mayence, sans compter les dépendances de plusieurs principautés. La guerre en avait décidé; cependant les ministres impériaux se défendirent pied à pied sur un terrain où ils croyaient avoir plus de prise contre leur jeune adversaire que les feld-maréchaux n'en avait eu aux bords de l'Adige. Ils échouèrent pareillement; Bonaparte se montra non moins qu'eux flexible, temporisateur, et, au moment opportun, habile à les écraser par de soudains éclats de colère.

Il tenait en ses mains cette Venise qui venait de tomber sans estime et sans regrets; il l'offrit au monarque autrichien et au suzerain de l'Italie en indemnité de Bruxelles, de Milan, de Mantoue, de Modène. Ce n'était pas un équivalent, aussi le cabinet de Vienne traîna-t-il encore en longueur; les prétextes ne lui manquaient pas : l'occupation de Venise, déjà, en était un; le renversement de l'oligarchie génoise, à laquelle fut substituée la république ligurienne, démocratique comme ses voi sines, la réunion de celles-ci en un seul État, sous le nom de république cisalpine, furent de nouveaux griefs. Mais le véritable motif qui engageait les ministres de l'empereur à gagner du temps était la situation intérieure de la France et les progrès de la faction à laquelle s'étaient adressées récemment les menaces d'Augereau. Les élections de l'an v (1797) pronostiquaient une crise violente : elles remplaçaient, dans les conseils, les députés dévoués à la révolution, par Pichegru, dont, en France, on ne savait pas encore toutes les trahisons, quoique connues des chancelleries étrangères; par le général Willot, commandant de la 8e division militaire, où, comme s'il avait eu cœur de favoriser les généraux ennemis, il avait retenu obstinément, pendant toute la campagne, les renforts destinés à Bonaparte; par les clichiens les plus connus dans la presse ou dans les clubs.

Tout le parti de la révolution frémissait de colère. A l'occasion de la fête que l'on célébra à Milan le jour anniversaire de la prise de la Bastille, Bonaparte adressa ce discours aux troupes rangées autour d'une pyramide sur laquelle étaient inscrits les noms des officiers et soldats morts pendant la campagne.

« Soldats! c'est aujourd'hui l'anniversaire du 14 juillet; vous voyez devant vous les noms de nos compagnons d'armes morts au champ d'honneur, pour la liberté de la patrie. Ils vous ont donné l'exemple : vous vous devez tout entiers à la république, vous vous devez tout entiers au bonheur de trente millions de Français, vous vous devez tout entiers à la gloire de ce nom qui a reçu un nouvel éclat par vos victoires.

« Soldats! je sais que vous êtes profondément affectés des malheurs qui menacent la patrie; mais la patrie ne peut courir de dangers réels, car les mêmes hommes qui l'ont fait triompher de l'Europe coalisée sont encore là. Des montagnes nous séparent de la France, mais vous les franchiriez avec la rapidité de l'aigle, s'il le fallait, pour maintenir la constitution, défendre la liberté, protéger le gouvernement et les républicains.

« Soldats! le gouvernement veille sur le dépôt des lois qui lui est confié. Les royalistes, dès l'instant qu'ils se montreront, auront vécu; soyez sans inquiétude et jurons, par les mânes des héros morts à côté de nous pour la liberté, jurons sur nos nouveaux drapeaux, guerre implacable aux ennemis de la république et de la constitution de l'an III. »

L'armée, dont le général avait exprimé les craintes et les sentiments, envoya au Directoire des adresses fulminantes, et Augereau se rendit à Paris. Le coup d'État du 18 fructidor (4 septembre) renversa la faction clichienne, proscrivit deux membres du Directoire, cinquante-deux membres des conseils et cassa les élections de quarante-huit départements.

Les diplomates autrichiens firent bonne contenance et se montrèrent tout aussi exigeants; ils demandèrent que Mantoue fut comprise dans le territoire qu'on leur concédait en Italie. Mais, pour Bonaparte, le temps des ménagements était passé. A cette prétention, il répondit par des apprêts de guerre; l'armée passa la Piave. Augereau, qui remplaçait en Allemagne Hoche, dont la France déplorait la mort prématurée, reçut l'ordre d'ébranler les deux armées réunies sous son commandement.

« Eh bien! s'écria le comte de Cobentzel dans une conférence qui se tenait chez lui à Udine. nous acceptons la guerre et nous appellerons l'armée russe au secours de l'armée autrichienne.

— La guerre, soit, reprit Bonaparte; je déclare la trêve rompue; mais souvenez-vous qu'avant la fin de l'automne, je briserai votre monarchie comme je brise cette porcelaine. »

A ces mots, il fait tomber avec colère un cabaret de porcelaine que l'impératrice Catherine II avait envoyé au malencontreux plénipotentiaire; puis, se levant, il demande sa voiture et ordonne de dénoncer à l'archiduc la reprise des hostilités.

Les négociateurs impériaux, pétrifiés, fléchirent, et, le lendemain, ils signèrent, au quartier général français, sur la commune de Campo Formio, le traité de ce nom (17 octobre).

Tous les changements de gouvernement faits en Italie étaient sanctionnés, et, de ce côté, l'Autriche n'obtenait que Venise et les États vénitiens jusqu'à l'Adige. Elle abandonnait, pour son compte, la Belgique et consentait à la prise de possession de Mayence, seule forteresse qui restât encore à la coalition sur la rive gauche du Rhin.

L'empereur s'engageait, en outre, à ne point appuyer la diète germanique si elle refusait la cession des électorats que la France avait réunis à son territoire; enfin, on stipulait que les différends avec l'empire seraient réglés dans un congrès à Rastadt.

Ce traité mit fin à la première guerre continentale qu'avait fait naître la révolution; il fut l'œuvre de Bonaparte. Après s'être élevé comme capitaine au niveau des Alexandre et des César, comme politique et organisateur au niveau de Charlemagne, il donna à la France, en dépit des vœux du Directoire, une paix plus glorieuse encore que la paix de Wetsphalie, préparée, sinon conclue, par le génie de Richelieu.

FIN.

TABLE.

FIN DE LA TABLE.

Imprimerie de Ch. Lahure (ancienne maison Crapelet)
rue de Vaugirard, 9, près de l'Odéon.

Histoire de la Campagne d'Italie.

Librairie de L. Hachette et Cie

www.ingramcontent.com/pod-product-compliance
Ingram Content Group UK Ltd.
Pitfield, Milton Keynes, MK11 3LW, UK
UKHW012037240726
13965UKWH00003B/849

9 782011 747747